Comunicação na Empresa

ISBN — 978-85-225-0598-2

Copyright © 2007 Leonardo Teixeira

Direitos desta edição reservados à
EDITORA FGV
Rua Jornalista Orlando Dantas, 37
22231-010 — Rio de Janeiro, RJ — Brasil
Tels.: 0800-021-7777 — 21-3799-4427
Fax: 21-3799-4430
editora@fgv.br | pedidoseditora@fgv.br
www.fgv.br/editora

Impresso no Brasil / *Printed in Brazil*

Todos os direitos reservados. A reprodução não autorizada desta publicação, no todo ou em parte, constitui violação do copyright (Lei nº 9.610/98).

Os conceitos emitidos neste livro são de inteira responsabilidade do autor.

1ª edição — 2007; 1ª e 2ª reimpressões — 2009; 3ª reimpressão — 2011
4ª reimpressão — 2012; 5ª reimpressão — 2015.

PREPARAÇÃO DE ORIGINAIS: Maria Lucia Leão Velloso de Magalhães

EDITORAÇÃO ELETRÔNICA: FA Editoração

REVISÃO: Aleidis de Beltran e Fatima Caroni

CAPA: aspecto:design

Ficha catalográfica elaborada pela Biblioteca
Mario Henrique Simonsen/FGV

Teixeira, Leonardo
    Comunicação na empresa / Leonardo Teixeira. — Rio de Janeiro : Editora FGV, 2007.
    196p.

    Inclui bibliografia.

    1. Comunicação nas organizações. 2. Comunicação escrita. 3. Redação técnica. 4. Língua portuguesa. — Retórica. 5. Língua portuguesa — Português escrito. I. Fundação Getulio Vargas. II Título.

CDD — 808.0666

Sumário

Apresentação   7

1 Elementos da comunicação e funções da linguagem   9

2 Funções sociais da linguagem   25

3 A comunicação na empresa   37

4 Habilidades para a construção do texto   47

5 A qualidade da comunicação na empresa   51

6 A coerência textual   57

7 A coesão textual   69

8 Modalidade do discurso e metadiscurso   89

9 A argumentação   99

10 Níveis de leitura   109

11 A construção do texto   119

12 Aspectos gramaticais   127

13 O e-mail e as escritas organizacionais   133

14 Exercícios complementares   139

Gabaritos   179

Referências bibliográficas   193

Apresentação

No cenário contemporâneo, em que a velocidade de comunicação possibilita trocas comerciais e de informações em âmbito global, torna-se cada vez mais necessário que as empresas e as organizações busquem soluções de comunicação eficientes, a fim de alcançarem positivamente suas metas. Com o objetivo de buscar a eficácia na comunicação das organizações, os profissionais envolvidos precisam dedicar enorme atenção à forma como se expressam, tanto ao falar quanto ao escrever. Não se trata apenas de correção gramatical, mas de uma comunicação com simplicidade, objetividade, clareza e precisão, elementos que formam a base para o sucesso das trocas de informações e, conseqüentemente, permitem o desenvolvimento igualmente bem-sucedido dos processos naturais ao dia-a-dia profissional.

Este livro destina-se a alunos de graduação que desejem se aperfeiçoar em comunicação profissional nas empresas e organizações. Seu uso em sala de aula como material didático de apoio às disciplinas de comunicação empresarial, comunicação e expressão e redação comercial e empresarial tem se mostrado pertinente para alcançar os objetivos programáticos estabelecidos.

Cada capítulo traz uma parte inicial com teoria e textos e, em seguida, exercícios para a prática da comunicação escrita, sempre se observando sua aplicabilidade em situações concretas do ambiente profissional ou acadêmico. Os exercícios estimulam atividades participativas, em que os alunos desenvolvem sua percepção crítica e constroem a habilidade do trabalho em equipe, simulando situações de seu futuro universo profissional. Paralelamente, é desenvolvida a habilidade da escrita acadêmica, essencial às demais disciplinas e ao trabalho de conclusão de curso.

É importante lembrar que não trato aqui do aspecto da comunicação empresarial e organizacional ligado à área de relações públicas e à composição da imagem institucional, muito embora alguns dos ensinamentos desenvolvidos possam lhes servir, por tratarem essencialmente do aspecto informacional ligado às diversas instâncias de comunicação de uma empresa ou organização. Dessa forma, o profissional de administração e áreas afins também estará atento ao trabalho desenvolvido na área de comunicação social da instituição de que fizer parte, podendo atuar plenamente em vista do seu sucesso.

Com forte ênfase na expressão escrita, acredito que, com este material, é possível contribuir para a formação de profissionais mais bem qualificados. Espero que alunos e professores possam aproveitá-lo ao máximo. Bom trabalho!

O autor.

1
Elementos da comunicação e funções da linguagem

A comunicação

O homem é um ser social e difere dos demais seres que vivem reunidos pela capacidade de julgar e discernir, estabelecendo regras para a vida em sociedade. Tal concepção, nascida em *A política*, de Aristóteles, implica estabelecer a necessidade de linguagem para que o homem possa se comunicar com os outros e, juntos, estabelecerem um código de vida em comum. Então, a linguagem, capacidade comunicativa dos seres, constrói vínculos entre os homens e possibilita a transmissão de culturas, além de garantir a eficácia dos mecanismos de funcionamento dos grupos sociais.

Grosso modo, linguagem é qualquer sistema de signos que sirva à comunicação entre os homens. Os signos podem ser visuais, sonoros, gestuais, corporais, fisionômicos, escritos ou vocais. A linguagem articulada que reúne os signos vocais e escritos constitui a língua, sistema de signos (ou código) em que ocorre a associação de som ou letras (significante) a conceitos determinados (significado). Os signos lingüísticos (significante + significado) formam o vocabulário da língua, sendo sua criação arbitrária e convencional.

Para Saussure, língua é o "produto social da faculdade da linguagem", ou seja, é a linguagem articulada, que serve ao propósito de organização do homem em sociedade e que visa ao estabelecimento de regras para o seu convívio. Saussure diferencia língua e fala (*langue* e *parole*). Para ele, língua são os signos armazenados, prontos para serem organizados em frases, o que constitui a fala. Dessa forma, a língua desempenha um papel passivo, pois espera que o usuário faça uso de suas possibilidades. A fala é o exercício ativo do usuário sobre a língua, estando a evolução e a modificação desta subordinadas àquela.

Barthes, ao ampliar o conceito de Saussure, aponta a língua como uma instituição social, ou seja, como a parte social da linguagem que não pode ser modificada por um indivíduo, pois é um produto autônomo, com regras próprias, que devem ser aprendidas para que se possa utilizá-las. Funciona como um contrato coletivo, e só a coletividade pode modificá-la.

Ao utilizar a língua na comunicação, o homem faz uso do código mais elaborado e de maior possibilidade expressiva, o que lhe garante comunicar com grande precisão o que pensa. Há, no processo da comunicação, um primeiro movimento — transformar a idéia (abstração) em código (elemento concreto) — para que o destinatário da mensagem possa fazer o segundo movimento — transformar o código em idéia. Esses dois movimentos são chamados de *codificação* e *decodificação*. É natural que a idéia original não seja exatamente a idéia decodificada, por inúmeros fatores. É, pois, mediante o exercício da comunicação eficaz que se procura promover a minimização da distância entre as duas.

Para que a comunicação ocorra, é necessário que seis elementos estejam presentes: emissor, receptor, mensagem, código, canal e contexto (referente). Cada um deles exerce um papel essencial no processo de comunicação, e qualquer falha em um desses elementos pode prejudicar ou invalidar a percepção ideal da mensagem.

Tratarei aqui de tais elementos levando em conta a comunicação objetiva e cotidiana, entendendo que, na comunicação literária, outros fatores podem estar envolvidos.

Emissor

É o remetente da mensagem, aquele que elabora sua idéia e a transforma em código para ser enviada ao receptor. O processo de codificação da mensagem exige do emissor que ele:

a) conheça o código utilizado e suas peculiaridades;
b) construa sua fala dentro das regras convencionadas pela língua;
c) estruture sua fala de forma inteligível e clara;
d) escolha o canal adequado para fazer sua mensagem chegar ao receptor;
e) perceba o contexto da comunicação e se seu receptor compartilha desse mesmo referencial.

Receptor

É o destinatário da mensagem, aquele que, ao recebê-la, realiza o processo de decodificação. Para que esta se dê efetivamente, é necessário que o receptor:

a) conheça o código utilizado e suas peculiaridades;
b) reconheça as regras da língua utilizada pelo emissor;
c) compreenda o sentido expresso na mensagem;
d) tenha o canal aberto para receber a mensagem;
e) compartilhe do mesmo referencial em que se baseia a mensagem do emissor.

Mensagem

É o conteúdo e o objetivo da comunicação. Como centro do processo de comunicação, só se concretiza de forma plena com a presença articulada de todos os outros elementos.

Canal

É o meio que possibilita o contato entre o emissor e o receptor, ou que leva a mensagem até este. É necessário que o canal esteja livre de ruídos que possam atrapalhar ou impedir a chegada da mensagem ao receptor.

Código

É o sistema de signos convencionados em cuja base a mensagem foi construída. Para uma comunicação plena, é essencial que emissor e receptor possuam amplo domínio do código, sob pena de haver divergência entre a mensagem pretendida e a efetivamente entendida.

Contexto

É o ambiente em que se dá a comunicação e do qual fazem parte os referenciais envolvidos na codificação e decodificação da mensagem. Se, em relação à mensagem, emissor e receptor tomarem referenciais diferentes, a idéia original diferirá bastante da obtida pela decodificação.

A figura a seguir ilustra o processo da comunicação.

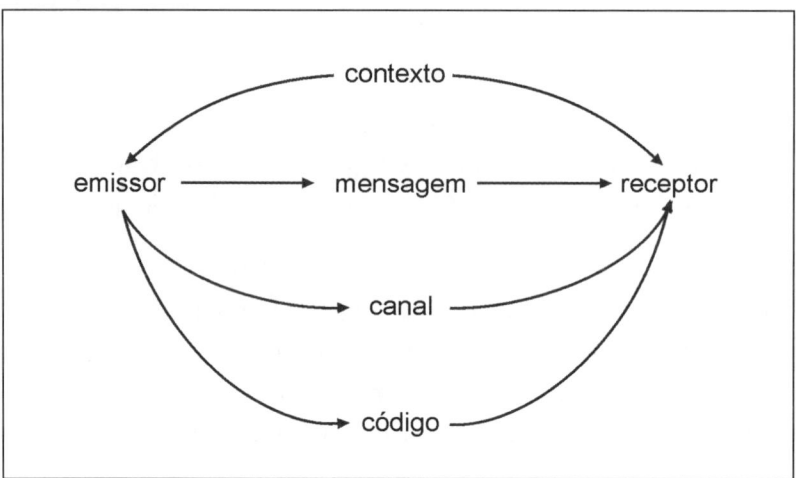

Pode-se sintetizar o processo da comunicação da seguinte forma: o EMISSOR envia uma MENSAGEM CODIFICADA por meio de um CANAL ao RECEPTOR, que compartilha do mesmo CONTEXTO.

Exercício 1

Identifique os elementos das situações de comunicação a seguir.

a) Pronunciamento do presidente em cadeia nacional de rádio e TV no Dia do Trabalho.

emissor: _____
receptor: _____
mensagem: _____
código: _____
canal: _____
contexto: _____

b) Editorial de um jornal comentando o pronunciamento do presidente.
emissor: _____
receptor: _____
mensagem: _____
código: _____
canal: _____
contexto: _____

c) Um estudante ao telefone convidando um colega de turma para ir ao jogo de futebol no próximo fim de semana.
emissor: _____
receptor: _____
mensagem: _____
código: _____
canal: _____
contexto: _____

d) A aula ministrada pelo professor de comunicação empresarial.
emissor: _____
receptor: _____
mensagem: _____
código: _____
canal: _____
contexto: _____

e) E-mail mesclando texto e *emoticons* de uma jovem apaixonada ao seu namorado.

emissor: _____
receptor: _____
mensagem: _____
código: _____
canal: _____
contexto: _____

Ruídos na comunicação

Quando algum dos elementos não está completamente integrado ao processo da comunicação ou ocorre algum tipo de interferência, aparecem os ruídos na comunicação. Podem ser fatores externos à comunicação, físicos ou não, que impeçam que a idéia original codificada chegue de forma satisfatória ao receptor. Um exemplo clássico de ruído na comunicação é a chamada "linha cruzada" ao telefone, quando o processo de transmissão da mensagem recebe a interferência de outro processo, indesejado e descontextualizado. Nesse caso, houve interferência no canal da comunicação. Entretanto, há diversas situações, envolvendo outros elementos da comunicação, em que pode ocorrer ruído.

Exemplos:
⇒ o emissor não organiza suas idéias de forma clara, levando ao não-entendimento da mensagem por parte do receptor. Nesta situação, a fala do emissor sofre interferência de pensamentos inconclusos, vagos e indefinidos, ou não se estrutura segundo as regras convencionadas para a língua;
⇒ o receptor não está suficientemente atento e concentrado para receber a mensagem, gerando mal-entendidos. Normalmente, neste caso, a comunicação sofre interferência de fatores subjetivos, como, por exemplo, um pensamento que o receptor esteja elaborando e que desvia sua atenção da mensagem do emissor;

⇒ o emissor ou o receptor não tem domínio completo do código utilizado. Esta situação ocorre quando o emissor utiliza uma palavra desconhecida para o receptor, ficando a mensagem com sua decodificação e entendimento comprometidos; ou quando o emissor faz uso de um vocábulo inadequado, supondo-lhe um sentido que não corresponde ao usual, convencionado, nem constitui caso de linguagem figurada;

⇒ o canal sofre interferências, impossibilitando a perfeita transmissão da mensagem. É o caso da "linha cruzada", ou quando, por exemplo, ao ler as legendas de um filme no cinema, alguém se levanta e se coloca entre o espectador e a tela, obstruindo sua visão;

⇒ o emissor e o receptor têm percepções diferentes do contexto da comunicação, ou o receptor o desconhece. É a situação clássica do que popularmente se chama de "pegar o bonde andando", em que se entende parte da mensagem de maneira descontextualizada do processo inteiro da comunicação. Também ocorre quando o emissor elabora uma mensagem com base em um referencial e o receptor ou não dispõe de meios de conhecê-lo ou, pela inconsistência do contexto, atribui à mensagem um referencial equivocado.

Exercício 2

Identifique, nas situações concretas a seguir, em que elementos ocorreram interferências capazes de configurar ruído na comunicação.

a) Você sai de seu apartamento apressado e, enquanto espera o elevador, ouve o vizinho gritando: "Está frio!" O elevador chega e você desce.

b) Um parente de vítima de atropelamento lê no boletim policial de ocorrência: "A vítima foi levada para o nosocômio mais próximo." Fica atarantado por não saber onde está seu parente.

c) Durante uma aula para uma turma de sétima série, no momento da explicação do conteúdo, um aluno cai da cadeira, a turma se dispersa e o professor interrompe sua fala.

d) Um funcionário apresenta a seguinte desculpa ao chefe por ter chegado atrasado ao trabalho: "O tráfico estava muito intenso."

e) Um funcionário informa o resultado da reunião com o cliente ao supervisor, que não deixa de ler e-mails enquanto o ouve. Posteriormente, o supervisor adota um procedimento inadequado no encaminhamento do caso.

Funções da linguagem

Com o uso da linguagem articulada, há ações intrínsecas ao ato de comunicar que não se atrelam exclusivamente ao conteúdo da mensagem e ocorrem independentemente da intenção do emissor em seu ato comunicativo. São as chamadas funções da linguagem.

Roman Jakobson, um dos mais expressivos lingüistas do século XX, formulou um modelo para as funções da linguagem a partir dos elementos da comunicação. Segundo esse modelo, para cada elemento da comunicação, há uma função da linguagem específica. Dessa forma, são seis as funções da linguagem: emotiva ou expressiva, apelativa ou conativa, fática, metalingüística, poética e referencial.

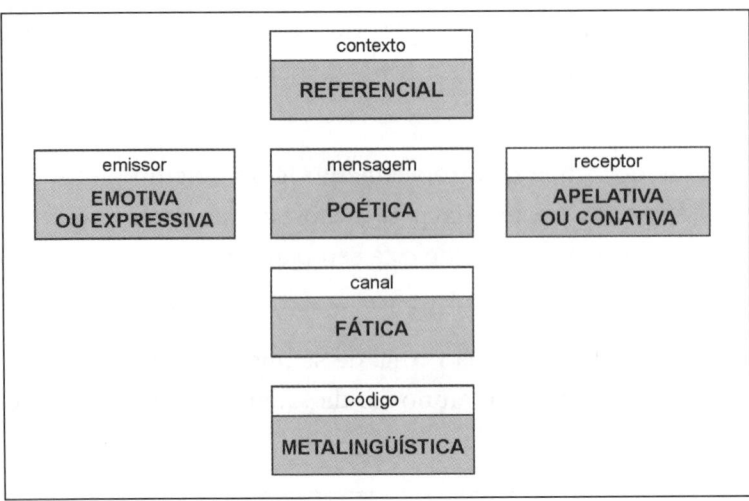

Função emotiva ou expressiva

É a função centrada no emissor, refletindo sua visão própria de mundo, suas emoções, sentimentos e estados subjetivos. A personalidade do emissor, seu juízo de valor e as opiniões particulares são nítidas no discurso. Ocorre freqüentemente com interjeições, exclamações, reticências, forte adjetivação e presença marcante da primeira pessoa.

Exemplos:
⇒ — Ai, quem me dera...
⇒ "Como são belos os dias / do despontar da existência!" (Casimiro de Abreu)
⇒ — Andei muito preocupado na última semana com os resultados da pesquisa.
⇒ — Filho, aquela sua namoradinha vem hoje?

É importante reparar que a simples informação, sem marcas subjetivas ou juízos de valor, não constitui exemplo de função emotiva, mesmo que o emissor esteja falando de si mesmo. Se o emissor diz "vou à faculdade amanhã", sua fala é meramente informativa, atrelada a um contexto conhecido pelo receptor.

Função apelativa ou conativa

É a função centrada no receptor, procurando modificar nele idéias, opiniões e estados de ânimo. Como o receptor vem em primeiro plano, ocorre com discursos que contêm ordens, apelos e tentativas de convencimento ou sedução. É comum o uso de verbos no imperativo, vocativos e tom persuasivo. Ocorre com freqüência na propaganda.

Exemplos:
⇒ — Fica quieto, rapaz!
⇒ — Por favor, por favor, estou pedindo...
⇒ "Alcance o sucesso estudando com afinco."
⇒ "Beba Coca-Cola."
⇒ "Se beber, não dirija."

Em alguns casos, é comum que se classifique erroneamente uma função apelativa como emotiva. Veja o caso da frase "Socorro!". Caso se pense que quem a grita deseja expressar seu desespero — caracterizando uma função emotiva —, fica-se parado lamentando o sofrimento alheio. Mas quando se entende o grito como função apelativa — corretamente classificado —, logo alguém se prontifica a prestar auxílio.

Função fática
É a função utilizada para abrir, fechar ou simplesmente testar o canal da comunicação. Pode ocorrer também como recurso para reforçar o envio da mensagem e sua recepção. Nas situações cotidianas, nem sempre se carregam de sentido específico as frases construídas para iniciar uma comunicação. Nesses casos, ocorre igualmente função fática.

Exemplos:
⇒ — Alô? Está me ouvindo?
⇒ — Câmbio.
⇒ — Olá.
   — Oi. Tudo bem?
   — Tudo.
   — Pois é...
   — Valeu...
⇒ — Vocês estão entendendo?

Função metalingüística
É a função que se preocupa em explicar, em esclarecer o código utilizado na comunicação. É quando a linguagem fala de si própria. Assim, uma gramática, um dicionário e uma explicação oral sobre o uso da língua são exemplos de função metalingüística. Também ocorre função metalingüística quando se procura explicitar com outras palavras o que foi dito.

A metalinguagem não é exclusiva do código lingüístico. Pode ocorrer com imagens, quando um quadro representa o próprio ato de pintar, ou quando se filma o *making of* de um filme.

Exemplos:
⇒ "As palavras podem ser usadas denotativa ou conotativamente."
⇒ "Foi acometido de uma febre epacmástica, ou seja, que se intensifica gradualmente."
⇒ "Como explicitado no parágrafo anterior..."
⇒ — Bem, você não entendeu direito. O que pretendi dizer foi que...

Função poética

É a função centrada na mensagem, buscando construí-la de forma original, criativa, inovadora, e particularizando-a. A forma é tão importante quanto o conteúdo, embora seja ela, muitas vezes, que sintetiza o próprio conteúdo. Nesse sentido, é comum perceber o uso amplo de figuras de linguagem. Vale lembrar, porém, que a função poética não é exclusiva da poesia ou do texto literário.

Exemplos:
⇒ — O grande barato de se comprar um carro novo é não pagar caro por ele.
⇒ "A lua substituiu o sol na guarita do mundo." (Oswald de Andrade)
⇒ — A falta de estratégias colocou nossos índices de lucro num tobogã.
⇒ "ameixas / ame-as / ou deixe-as" (Paulo Leminski)

Função referencial

É a função centrada no contexto da comunicação, utilizada essencialmente para informar, dar conta das comunicações básicas do cotidiano, sem carregar qualquer juízo de valor do emissor. Um texto dissertativo, uma notícia de jornal, um livro de administração e uma simples pergunta cotidiana são casos de função referencial. É a função mais utilizada na comunicação, sendo comum vê-la associada a outras funções.

Exemplos:
⇒ — O que temos para almoçar hoje?
— Filé com fritas.
⇒ "Uma das grandes contribuições do avanço tecnológico reside na rapidez da comunicação."

⇒ "Governo anuncia perspectiva de deflação para o próximo mês."
⇒ — Vou à faculdade amanhã.

É importante frisar que nenhuma função existe isoladamente, em estado puro. Elas aparecem combinadas em situação de hierarquia, podendo haver várias funções igualmente predominantes em um mesmo texto.

Exercício 3

Identifique as funções da linguagem predominantes nos trechos a seguir:

a) "Este instrumento tem por objeto estabelecer as principais condições e normas para o registro, a publicação e a manutenção de domínio na Internet sob o '".br'" e para a utilização da base de dados do registro, sem prejuízo dos demais regulamentos instituídos pelo Comitê Gestor da Internet no Brasil." (trecho de contrato)

b) — O dia esteve muito bonito, não é mesmo?

c) — Atenção, passageiros do vôo 755 da Global Airlines. Dirijam-se ao portão de embarque.

d) Os resultados do treinamento em segurança ficaram abaixo do esperado, ou seja, não houve diminuição dos acidentes de trabalho.

e) — O diretor solicitou a presença de todos com a maior urgência. Portanto, apressem-se! Não quero atrasos!

f) Que o prêmio não seja um atributo da velhice, mas um tributo à competência.

g) — Durante a reunião, os líderes de equipe expõem as conclusões de seus relatórios; em seguida, abrimos para perguntas. Combinado?

h) — Nesta aula, vamos discutir o papel da função referencial na redação comercial. Em seguida... enquanto esperamos o colega parar de conversar... vamos discutir as qualidades do texto informativo.

i) Primeira orientação para a segurança dos dados da empresa: não abra e-mails contendo arquivos executáveis.

j) — Quem diria que os investimentos teriam resultados tão inesperados...

A função referencial no dia-a-dia profissional

No dia-a-dia, a função da linguagem mais utilizada, que aparece combinada com várias outras em quase todas as situações de comunicação, é a função referencial. No ambiente profissional, a necessidade de precisão e objetividade das informações reforça o uso dessa função. Em tal contexto, quanto menos forem os ruídos, mais bem-sucedido será o processo de comunicação, o que otimiza igualmente as rotinas das empresas e organizações.

Um dos principais traços da eficácia da comunicação escrita nas empresas reside na precisão vocabular. Escolher palavras que representem com clareza e exatidão o que se pretende informar revela-se uma condição essencial para que o processo de decodificação obtenha a maior proximidade possível entre a idéia original e a percebida.

Em situações informais de comunicação, é natural que as mensagens sejam estruturadas de maneira mais desprendida, sem grande elaboração por parte do emissor. Isso leva ao uso repetido de palavras que carregam significados imprecisos, não obstante garantirem certa fluidez ao discurso.

Um caso muito freqüente é o uso das palavras-ônibus, ou seja, palavras que comportam tantos significados que só é possível delimitar o que se pretende dizer por suposição, pois não carregam uma delimitação semântica formal. Palavras como *coisa, troço, legal, trem* (em Minas Gerais) podem portar significações variadas, dependendo do contexto. Dessa forma, é nítido que o uso de palavras-ônibus no contexto da comunicação formal e profissional só tende a prejudicar a clareza e a eficácia do discurso.

Exercício 4

Simule uma situação profissional em que você, como líder de uma equipe, tenha de avaliar falhas na maneira de informar e reforçar procedimentos em uma empresa. Identifique três dessas possíveis falhas e liste quatro medidas para saná-las.

Exercício 5

Como líder da equipe, elabore um e-mail de, no máximo, 10 linhas apresentando aos seus colegas as novas diretrizes para o processo descrito no exercício 4, justificando a mudança e estruturando os procedimentos a serem adotados. Observe clareza, objetividade e precisão vocabular.

Exercício 6

Além das palavras-ônibus, alguns verbos acabam acumulando significações tão abrangentes que perdem sua exatidão semântica. Substitua as palavras grifadas nas frases a seguir por outras de maior precisão e adequação semântica.

a) O jornal *deu* chuva para hoje.
___

b) Muitas *coisas* na empresa necessitam ser modificadas.
___

c) O país *tem* muitas riquezas.
___

d) O projeto de pesquisa *é* a concretização dos esforços da equipe.
___

e) Foi muito *bacana* a entrega dos prêmios aos vencedores.

f) Meu amigo, passa esse *troço* aí para mim.

g) A empresa *faz* muitos contratos internacionais.

h) Ele *levava* os pacotes nas costas.

i) Ele *trazia* os livros debaixo do braço.

j) *Tenho* muita afeição por ela.

Exercício 7

Construa frases ligadas ao contexto empresarial em que sejam predominantes as seguintes funções da linguagem:

a) referencial e apelativa:

b) emotiva e fática:

c) referencial e metalingüística:

d) apelativa e poética:

Exercício 8

Elabore um texto de, no máximo, 15 linhas, sintetizando o conteúdo deste capítulo. Não construa frases soltas, evitando que o texto fique fragmentado. Procure correlacioná-las de modo fluente e objetivo.

2
Funções sociais da linguagem

Em qualquer situação de comunicação, utiliza-se a linguagem como prática social, uma vez que a fala (discurso) aponta traços distintivos quanto à intencionalidade, à sua construção e ao que se deseja no momento de sua produção e recepção. Assim, todo discurso traz aspectos construtivos: de identidades sociais, de relações interpessoais e de sistemas de valores e crenças.

Como o objetivo aqui não é fazer um estudo aprofundado da análise do discurso e, sim, utilizar alguns dos conceitos desenvolvidos por Halliday para aprimorar a competência textual e discursiva, deve-se entender que o uso de tais conceitos se apóia na necessidade de conceber os discursos empresariais como passíveis de espelhar relações sociais, ideologias e efeitos sobre as estruturas sociais. Desse modo, a linguagem "constrói" a realidade, pois reflete as hierarquias e identidades sociais.

São três as funções sociais da linguagem: *ideacional* ou de representação, *interpessoal* ou de troca, e *textual* ou de mensagem.

Função ideacional

Na função ideacional, o discurso carrega uma representação. Ao representar o mundo por meio da linguagem, o emissor contribui para a construção de um sistema ideológico (crenças, conhecimentos). Todo discurso carrega em si valores assimilados pela vida em sociedade e traços culturais constituintes da ética do grupo social.

A função ideacional aponta experiências de processos representadas na fala. Dessa forma, os seres humanos são capazes de entender a realidade que os cerca. A mera comunicação "O diretor acabou de chegar à empresa" representa o processo "acabou de chegar", com o participante "o diretor" e a circunstância "à empresa".

Vejamos um exemplo simples em que a função ideacional vem carregada de juízo de valor, além da pura representação. Se um homem afirma: "Ela pintou o cabelo, mas não ficou vulgar", em seu discurso está embutida a opinião, e de certa forma um pensamento social, de que as mulheres que pintam o cabelo podem ter aparência vulgar. Cotidianamente, ainda são comuns falas marcadas com traços de preconceito e discriminação.

No ambiente profissional, é claro que as falas motivacionais vêm imbuídas dos valores da empresa e que seus objetivos aparecem implícitos como uma superestrutura em todas as diretrizes de bom funcionamento e de busca de bons resultados. Entretanto, todo funcionário, em todos os âmbitos da empresa, tem de ter o cuidado de evitar discursos carregados de preconceito e discriminação.

Função interpessoal

Na função interpessoal, o discurso colabora com a construção das identidades (individuais e coletivas) e das relações sociais. Funciona como uma troca. Ao se observar um diálogo entre pessoas de níveis hierárquicos diferentes, há marcas linguísticas que indicam essa relação de subordinação. Frases como "Sim, senhor", "Pois não, senhor" denotam subordinação hierárquica.

Há possibilidades metafóricas na função interpessoal, e muitas vezes elas servem para diminuir o possível constrangimento do diálogo com forte marca de hierarquia social ou profissional. Assim, embora um chefe possa dizer a seu funcionário "Feche a porta", talvez seja mais fácil, para estreitar a relação interpessoal, utilizar uma metáfora do comando: "É possível fechar a porta?"

Por outro lado, um dos grandes problemas que as empresas também têm de enfrentar em busca de sua otimização linguística reside na quebra de certos protocolos que constituem o profissionalismo. Ao atender um cliente ao telefone, uma funcionária, desejando mostrar-se solícita, pode criar um grau de intimidade inadequado para a relação interpessoal constituída na condição empresa–cliente. Por exemplo, ela pode dizer ao cliente: "Um instantinho só, está bem, amor?" Além de criar constrangimento e até fazer o cliente encurtar a conversação, sua fala pode gerar uma imagem negativa para a empresa. Outro exemplo é um caso ocorrido em 2005, e que causou a demissão do funcionário. Excedendo o protocolo da comunicação interpessoal, ele assinava seus e-mails internos e externos com "J... 19 cm". Sem comentários...

Função textual

Relaciona-se com o modo de organizar e estruturar as informações no texto. Como o discurso é uma mensagem, tem um significado próprio em função da forma como foi organizado. A função textual possibilita que os textos sejam construídos de maneira apropriada à situação a que se destinam, além de capacitar o leitor/receptor a diferenciar um conjunto de frases soltas de um texto ordenado e com sentido coerente.

Ao lado da coerência, da precisão e da riqueza vocabular, a coesão desempenha importante papel na composição textual. Essas qualidades serão estudadas nos próximos capítulos.

Leia o texto a seguir para realizar os exercícios 1 e 2.

A moça tecelã

Acordava ainda no escuro, como se ouvisse o sol chegando atrás das beiradas da noite. E logo sentava-se ao tear.

Linha clara, para começar o dia. Delicado traço cor da luz, que ela ia passando entre os fios estendidos, enquanto lá fora a claridade da manhã desenhava o horizonte.

Depois lãs mais vivas, quentes lãs iam tecendo hora a hora, em longo tapete que nunca acabava.

Se era forte demais o sol, e no jardim pendiam as pétalas, a moça colocava na lançadeira grossos fios cinzentos do algodão mais felpudo. Em breve, na penumbra trazida pelas nuvens, escolhia um fio de prata, que em pontos longos rebordava sobre o tecido. Leve, a chuva vinha cumprimentá-la à janela.

Continua

Mas se durante muitos dias o vento e o frio brigavam com as folhas e espantavam os pássaros, bastava a moça tecer com seus belos fios dourados, para que o sol voltasse a acalmar a natureza.

Assim, jogando a lançadeira de um lado para outro e batendo os grandes pentes do tear para frente e para trás, a moça passava os seus dias.

Nada lhe faltava. Na hora da fome tecia um lindo peixe, com cuidado de escamas. E eis que o peixe estava na mesa, pronto para ser comido. Se sede vinha, suave era a lã cor de leite que entremeava o tapete. E à noite, depois de lançar seu fio de escuridão, dormia tranqüila.

Tecer era tudo o que fazia. Tecer era tudo o que queria fazer.

Mas tecendo e tecendo, ela própria trouxe o tempo em que se sentiu sozinha, e pela primeira vez pensou em como seria bom ter um marido ao lado.

Não esperou o dia seguinte. Com o capricho de quem tenta uma coisa nunca conhecida, começou a entremear no tapete as lãs e as cores que lhe dariam companhia. E aos poucos seu desejo foi aparecendo, chapéu emplumado, rosto barbado, corpo aprumado, sapato engraxado. Estava justamente acabando de entremear o último fio da ponta dos sapatos, quando bateram à porta.

Nem precisou abrir. O moço meteu a mão na maçaneta, tirou o chapéu de pluma, e foi entrando em sua vida.

Aquela noite, deitada no ombro dele, a moça pensou nos lindos filhos que teceria para aumentar ainda mais a sua felicidade.

E feliz foi, durante algum tempo. Mas se o homem tinha pensado em filhos, logo os esqueceu. Porque tinha descoberto o poder do tear, em nada mais pensou a não ser nas coisas todas que ele poderia lhe dar.

— Uma casa melhor é necessária — disse para a mulher. E parecia justo, agora que eram dois. Exigiu que escolhesse as mais belas lãs cor de tijolo, fios verdes para os batentes, e pressa para a casa acontecer.

Mas pronta a casa, já não lhe pareceu suficiente.

— Para que ter casa, se podemos ter palácio? — perguntou. Sem querer resposta, imediatamente ordenou que fosse de pedra com arremates em prata.

Continua

Dias e dias, semanas e meses trabalhou a moça tecendo tetos e portas, e pátios e escadas, e salas e poços. A neve caía lá fora, e ela não tinha tempo para chamar o sol. A noite chegava, e ela não tinha tempo para arrematar o dia. Tecia e entristecia, enquanto sem parar batiam os pentes acompanhando o ritmo da lançadeira.

Afinal o palácio ficou pronto. E entre tantos cômodos, o marido escolheu para ela e seu tear o mais alto quarto da mais alta torre.

— É para que ninguém saiba do tapete — ele disse. E antes de trancar a porta à chave, advertiu:

— Faltam as estrebarias. E não se esqueça dos cavalos!

Sem descanso tecia a mulher os caprichos do marido, enchendo o palácio de luxos, os cofres de moedas, as salas de criados. Tecer era tudo o que fazia. Tecer era tudo o que queria fazer.

E tecendo, ela própria trouxe o tempo em que sua tristeza lhe pareceu maior que o palácio com todos os seus tesouros. E pela primeira vez pensou em como seria bom estar sozinha de novo.

Só esperou anoitecer. Levantou-se enquanto o marido dormia sonhando com novas exigências. E descalça, para não fazer barulho, subiu a longa escada da torre, sentou-se ao tear.

Desta vez não precisou escolher linha nenhuma. Segurou a lançadeira ao contrário, e jogando-a veloz de um lado para o outro, começou a desfazer seu tecido. Desteceu os cavalos, as carruagens, as estrebarias, os jardins.

Depois desteceu os criados e o palácio e todas as maravilhas que continha. E novamente se viu na sua casa pequena e sorriu para o jardim além da janela.

A noite acabava quando o marido, estranhando a cama dura, acordou, e, espantado, olhou em volta. Não teve tempo de se levantar. Ela já desfazia o desenho escuro dos sapatos, e ele viu seus pés desaparecendo, sumindo as pernas. Rápido, o nada subiu-lhe pelo corpo, tomou o peito aprumado, o emplumado chapéu.

Então, como se ouvisse a chegada do sol, a moça escolheu uma linha clara. E foi passando-a devagar entre os fios, delicado traço de luz, que a manhã repetiu na linha do horizonte.

Marina Colasanti

Exercício 1

Divida o texto em quatro partes, observando marcas textuais (tempos verbais, expressões equivalentes) para a sua escolha. Dê um subtítulo de uma palavra a cada parte.

Exercício 2

No texto de Marina Colasanti, destaque duas frases para analisar a função ideacional, duas para a função interpessoal e duas para a função textual. É interessante que esse exercício seja discutido com a turma.

O aspecto social da comunicação

Qualquer discurso produzido por um emissor tem em vista um receptor desejado ou definido, de modo que a mensagem possa se construir com base no contexto do receptor, nos conhecimentos que este tem do código e na relação interpessoal que há entre eles. Ao se elaborar a fala, tais fatores interferem de forma delimitadora na composição do texto. Ignorá-los significa possivelmente promover uma comunicação carregada de ruídos, ou mesmo impossibilitá-la. É como se um adulto utilizasse uma linguagem altamente elaborada e rebuscada para se dirigir a uma criança de sete anos ou um médico só se utilizasse de vocabulário técnico para explicar a um paciente sua doença.

Assim, para uma comunicação efetiva, quando alguém escreve um texto para uma revista, pensa em quem são seus leitores. Quando um chefe se dirige a um funcionário, ou vice-versa, deve ter em mente qual a melhor forma de elaborar a mensagem. Ignorar a necessidade de adequação da mensagem ao seu contexto de realização pode levar a um "travamento" da relação interpessoal, dificultando a troca de informações e, principalmente, o trabalho em equipe, tão caro ao dia-a-dia profissional.

Para adequar a mensagem ao seu contexto e à sua intenção, as funções sociais da linguagem podem ser mediadas por um conjunto de procedimentos textuais que auxiliem no alcance dos objetivos predefinidos.

Para cada tipo de leitor há um tipo de texto adequado, assim como um mesmo assunto pode ser tratado de forma diferente com interlocutores diferentes.

Na comunicação empresarial interna, um simples texto pode representar motivação para o trabalho em equipe. Basta que ele chegue ao leitor construindo tal relação. No entanto, se trouxer marcas hierárquicas em que o leitor se sinta excluído, pode dificultar o entrosamento ou mesmo inibi-lo de qualquer reação positiva. Um texto inadequado também pode fragilizar as relações pessoais, prejudicando, conseqüentemente, a produtividade.

Na comunicação empresarial externa, o texto é a imagem da própria empresa, seu principal cartão de visita. Sua adequação ao leitor é fundamental para que se estabeleça profissionalmente uma imagem positiva, de credibilidade. Uma boa comunicação pode fidelizar um cliente e promover confiabilidade. Contudo, um mau texto, além de poder causar prejuízos à empresa pela inexatidão das informações, gera no receptor uma grande sensação de insegurança.

Portanto, o trabalho de quem lida constantemente com a produção de textos na empresa, sejam e-mails internos ou externos, sejam comunicados ou cartas aos clientes, não pode prescindir do bom funcionamento das funções sociais da linguagem. É preciso estar sempre atento a todos esses fatores no momento de compor o texto.

Pode parecer que isso exige um esforço e um gasto de tempo desmedidos, mas apenas no início, até o profissional incorporar a observância crítica no modo de se expressar e adquirir fluência no trato com o texto. Depois disso, haverá naturalidade e presteza na composição de textos, ao que se somará seu estilo individual. Não se trata de padronizar a linguagem e automatizar a comunicação, tirando-lhe seu aspecto vivo, criativo e humano, e, sim, de adequar a linguagem ao contexto de seu uso, eliminando excessos que possam comprometer a boa relação interpessoal e, em conseqüência, os objetivos da empresa ou organização.

Exercício 3

É preciso informar que haverá a substituição da roldana de acionamento do elevador no período das 9h às 11h, motivo pelo qual ele ficará interditado. Redija uma frase com essa mensagem para:

a) uma criança de quatro anos, sendo o elevador de um prédio residencial;
b) um parente que pretende visitá-lo nesse horário, sendo o elevador de um prédio residencial;
c) os funcionários da sua empresa, sendo o elevador de um prédio comercial;
d) os clientes que costumam ir à sua empresa, sendo o elevador de um prédio comercial;
e) ser afixada na cabine do elevador, sendo ele de um prédio misto.

Exercício 4

Reescreva a mensagem a seguir, adequando-a ao contexto de comunicação com uma colega de trabalho.

"E aí, gata? Tudo bem? Bem vi que tu tava cheirosa hoje no elevador... Mas nem me deu bola...

Seguinte: Sabe aquela parada que vc me mandou por e-mail semana passada? Dá pra mandar de novo? É que a p... do computador aqui deu pau e perdi tudo.

Valeu!!"

Exercício 5

Componha um texto de cinco linhas descrevendo as atribuições do cargo de agente administrativo e suas habilidades no trato interpessoal.

Exercício 6

Leia com atenção o comunicado abaixo e:

a) identifique a que leitores se destina o texto;
b) sintetize as informações em dois parágrafos, tornando-as compreensíveis para divulgação numa revista de circulação nacional.

Comunicado importante da ANS

A AGÊNCIA NACIONAL DE SAÚDE SUPLEMENTAR, no uso das atribuições que lhe confere a legislação vigente e a crescente integração de agenda com o Ministério da Saúde, ao estabelecer os requisitos dos instrumentos jurídicos a serem firmados entre as operadoras de planos privados de assistência à saúde ou seguradoras especializadas em saúde e profissionais de saúde ou pessoas jurídicas que lhe prestam serviços, definiu a utilização do Cadastro Nacional de Estabelecimentos de Saúde — CNES, como identificador inequívoco do prestador.

A ANS também dispôs sobre o registro dos planos privados de assistência à saúde a serem ofertados pelas operadoras, como condição para sua comercialização, definindo o CNES como identificador do prestador de serviço que atende aos referidos planos privados de assistência à saúde.

A ANS, ao publicar as resoluções normativas para a contratualização entre prestadores de serviço, hospitais, clínicas ou profissionais de saúde e as operadoras de planos de saúde, contribuiu na aceleração do processo de cadastramento dos estabelecimentos junto aos gestores locais. Portanto, o CNES se tornou um instrumento de integração de ações do Ministério da Saúde, além de orientar as ações de planejamento em saúde no âmbito do Sistema Único de Saúde e do setor privado de planos e seguros de saúde.

Considerando que o CNES ainda não alcançou a totalidade de estabelecimentos de saúde do país, frente à inadiável necessidade da contratualização, as resoluções normativas nº 49, 54 e 71 permitem a incorporação dessa informação em aditivo contratual específico a ser firmado no prazo máximo de 30 dias, contados da data da sua disponibilidade pelo DATASUS. Portanto, mesmo aqueles prestadores de serviço que ainda não estão cadastrados no CNES podem assinar contratos com as operadoras de planos de saúde, regularizando essa relação entre importantes atores do setor.

Após 31 de dezembro de 2006, as operadoras só poderão vincular à sua rede prestadora de serviços os estabelecimentos com o código do CNES. As legislações citadas e demais orientações encontram-se disponíveis em www.ans.gov.br e www.cnes.datasus.gov.br.

Disponível em: <www.ans.gov.br>.

Texto para reflexão

Estabilidade é empregabilidade[1]

A oportunidade de trabalho, resumida pela palavra emprego, é a somatória de capacitação, relacionamento e mercado. Se pudéssemos atribuir peso a cada uma dessas três vertentes, certamente o mercado tenderia a ser um pouco mais importante do que as duas outras. Isso porque é o mercado que dita as normas de absorção de mão-de-obra. Quando ele está competitivo, o que mais conta é a capacidade de realização, além de um bom relacionamento aliado a uma ampla estratégia de mercado.

Vale dizer, portanto, que os que estão empregados devem se esmerar para manter a empregabilidade, principalmente nesses momentos de forte concorrência.

A estes, temos alguns conselhos básicos:

1 — Participe constantemente dos programas de reciclagem profissional, pois as empresas "compram" a sua experiência e o seu conhecimento. Por isso, é importante você estar atualizado e mostrar o seu grau de atualização.
2 — Mantenha sempre ótimo o nível de relacionamento com seus superiores, especialmente junto ao seu superior imediato. Não se esqueça de que eles são fontes de indicação para promoção ou referências.
3 — Existe um ditado que diz que a galinha cacareja para que todo mundo saiba que foi ela quem botou o ovo. Assim, todas as vezes que você realizar um trabalho importante para a empresa, procure, com discrição, mostrar essa sua realização.
4 — Conhecimento de idiomas, principalmente o inglês, é um grande diferencial. Mesmo que na sua empresa atual isso não seja exigido, se você deseja tornar-se competitivo no mercado, pratique idiomas.
5 — Conhecimento de informática também é requisito importante nos processos de recrutamento e seleção.

Continua

---

[1] Disponível em:<http://www.manager.com.br/reportagem/reportagem.php?id_reportagem=753>. Acesso em: 18 dez. 2005.

6 — Desafios devem ser enfrentados e, sempre que possível, superados com êxito. Esteja sempre atento às oportunidades. Considere a possibilidade de mudar de área de atuação, se isso agregar valor à sua carreira.

7 — Procure mostrar resultados comprovados e canalizar sua energia para aquilo que é realmente importante e vai trazer resultados concretos, de preferência a curto prazo.

8 — Aproveite todas as oportunidades possíveis para fazer palestras ou apresentações para o público externo e também para representar a sua empresa em eventos externos. É uma forma de você demonstrar o seu potencial.

9 — Participe ativamente de equipes de trabalho, reuniões em grupos informais, associações, sindicatos patronais, câmaras de comércio etc. Esse é um dos meios para você manter atualizado o *network*.

10 — Se você receber um convite de um *headhunter* para concorrer a uma vaga, não recuse, e mesmo que você julgue que o momento não é o mais oportuno para mudar de emprego, verifique detalhadamente do que se trata. Pode ser a melhor oportunidade de sua vida.

11 — É preciso estar preparado para o que dizer na primeira abordagem do *headhunter*. O contato pode ocorrer no seu ambiente de trabalho, durante uma reunião, um almoço, ou ainda quando você estiver junto com o seu chefe. Nas residências, esses contatos costumam ser realizados à noite, ou aos sábados.

12 — Seja simpático: ainda que você recuse uma oferta, agradeça o convite e mantenha as portas abertas. É importante deixar boa impressão ao *headhunter*, pois ele trabalha com muitos cargos e poderá lembrar de você em outra oportunidade.

13 — Invista nos relacionamentos: jamais dê respostas por telefone. Procure marcar uma reunião para, pessoalmente, buscar mais informações ou comunicar sua decisão. Não se esqueça de que nada substitui o contato pessoal e de que por meio dele você poderá deixar registrada a sua "marca", ou seja, a sua imagem. Essa reunião pode ser informal, um almoço ou jantar.

Seguir esses conselhos, no todo ou em parte, depende de cada indivíduo. Cada um pode discernir o que fazer para manter-se no emprego ou

Continua

> buscar outra oportunidade. Nota-se, porém, que os itens aqui apresentados com grande freqüência aparecem nos depoimentos de gestores com alto índice de empregabilidade. Em outras palavras, são a base de atuação dos "com emprego".
>
> Ricardo de Almeida Prado Xavier
Administrador de empresas e
presidente da Manager Assessoria em Recursos Humanos

Com base na leitura do texto acima, reflita sobre sua necessidade de desenvolver competência em comunicação oral e escrita.

Exercício 7
Componha uma lista de "10 mandamentos" de uso responsável da internet para distribuição a todos os funcionários de sua empresa.

Exercício 8
Componha uma página de folheto publicitário para uma revista de circulação nacional, apresentando o programa de uso de material reciclado de sua empresa. Se desejar, estruture o texto em composição com imagens.

3
A comunicação na empresa

O e-mail na comunicação

Com o advento da internet e a otimização da comunicação nos ambientes empresariais, nota-se que o e-mail acabou assumindo vários papéis no dia-a-dia institucional. Assim, com suas variadas funções, a mensagem eletrônica pode vir a ser usada tanto no universo das comunicações mais informais, como ao se convidar um colega de trabalho para um almoço, quanto no universo das comunicações externas com clientes e fornecedores. Em função disso, é importante que o profissional que usa o e-mail como ferramenta de trabalho observe suas particularidades, igualmente observáveis em outras formas de comunicação escrita ou oral.

Recomenda-se enfaticamente que sejam observados os traços característicos a seguir.

1. Cordialidade *versus* intimidade:
- Ser cordial na comunicação empresarial *não* significa criar laços de afetividade ou romper relações hierárquicas.
- A intimidade é exclusiva das relações pessoais não-profissionais.
- Sempre vale o bom senso no momento da elaboração do texto.

2. Seleção vocabular:
- A cordialidade — e não a intimidade — se expressa de imediato pela seleção das palavras utilizadas na comunicação empresarial.
- Sem a necessidade de rebuscamento, o texto deve ser claro, simples, objetivo e educado.

3. Vocativos e formas de tratamento:

- Mesmo com toda a simplificação que ocorreu na comunicação empresarial nas últimas décadas, ainda há um protocolo a ser seguido, tanto interna quanto externamente.
- O uso adequado das formas de tratamento delimita o grau de profissionalismo da empresa.

4. A urgência:

- Normalmente, culpa-se a pressa pelos erros cometidos nas comunicações das empresas.
- Pressa significa falta de planejamento.
- A urgência é uma situação cotidiana nas empresas, não podendo a comunicação escrita se furtar de manter a qualidade mesmo nessas situações.

A respeito das formas de tratamento, vale lembrar sucintamente o uso de **Vossa** ou **Sua** nesses casos. *Vossa* designa a pessoa com quem se fala (a segunda pessoa do discurso). *Sua* designa a pessoa de quem se fala (a terceira pessoa do discurso). Portanto, ao se dirigir a uma autoridade, por exemplo, deve-se usar *Vossa Excelência*. Entretanto, se a fala se referir à autoridade, mas não for endereçada a ela, deve-se usar *Sua Excelência*.

Vejamos algumas formas de tratamento e com que pessoas devem ser usadas. Atente-se igualmente para as formas abreviadas. No caso de abreviaturas no plural, flexione apenas o segundo elemento. Exemplo: Vossas Senhorias — V. Sas. ou V. S.^{as}. Atualmente, prefere-se não colocar o "a" sobrescrito nas abreviaturas.

Autoridades civis

Forma de tratamento	Abreviatura	Usado para
Vossa Excelência	V. Exa.	Presidente da República, senadores da República, ministros de Estado, deputados federais e estaduais, governadores, prefeitos,

Continua

Forma de tratamento	Abreviatura	Usado para
		embaixadores, cônsules, vereadores, chefes da Casa Civil e da Casa Militar
Vossa Magnificência ou Magnífico Reitor	V. M. M. Reitor	Reitores de universidades
Vossa Senhoria	V. Sa.	Diretores de autarquias federais, estaduais e municipais

Autoridades judiciárias

Forma de tratamento	Abreviatura	Usado para
Vossa Excelência	V. Exa.	Desembargadores da Justiça, curadores, promotores
Meritíssimo Juiz	M. Juiz	Juízes de direito

Autoridades militares

Forma de tratamento	Abreviatura	Usado para
Vossa Excelência	V. Exa.	Oficiais generais (até coronéis)
Vossa Senhoria	V. Sa.	Outras patentes militares

Autoridades eclesiásticas

Forma de tratamento	Abreviatura	Usado para
Vossa Santidade	V. S.	Papa
Vossa Eminência ou Vossa Eminência Reverendíssima	V. Ema. V. Ema. Revma.	Cardeais
Vossa Eminência Reverendíssima ou Vossa Excelência Reverendíssima	V. Ema. Revma. V. Exa. Revma.	Arcebispos e bispos
Vossa Reverendíssima	V. Revma.	Abades, superiores de conventos, outras autoridades eclesiásticas e sacerdotes em geral

Autoridades monárquicas

Forma de tratamento	Abreviatura	Usado para
Vossa Majestade	V. M.	Reis e imperadores
Vossa Alteza	V. A.	Príncipes

Outras formas de tratamento

Forma de tratamento	Abreviatura	Usado para
Vossa Senhoria	V. Sa.	Dom e funcionários graduados
Doutor	Dr.	Doutores
Comendador	Com.	Comendadores
Professor	Prof.	Professores

EXERCÍCIO 1

Corrija as frases a seguir, que apresentam erros de grafia possivelmente atribuídos à "pressa" na comunicação.

a) Temos de enviar os relatórios para o acessoramento parlamentar.

b) Iniciou-se a campanha contra desinteria infantil.

c) O anúncio das novas medidas gerou um reboliço entre os acionistas.

d) A campanha procura aumentar a alto-estima dos funcionários.

e) As informações foram registradas em áudio-visual.

EXERCÍCIO 2

Reflita e redija dois parágrafos procurando distinguir cordialidade e intimidade.

EXERCÍCIO 3

Observe a relação estabelecida no modelo de cada item e a reproduza com cada uma das palavras listadas.

a) verde — mata
azul — _____
branco — _____
amarelo — _____
preto — _____
vermelho — _____

b) roupa — engomar
assoalho — _____
móvel — _____
lataria — _____
sapato — _____

c) avião — piloto
bicicleta — _____
carro — _____
trem — _____
moto — _____
navio — _____

d) flor — murchar
fruta — _____
roupa — _____
pessoa — _____
papel — _____

Exercício 4

Construa um campo semântico de 30 palavras relacionadas com a idéia de planejamento.

Exercício 5

Selecione, no campo semântico construído (se este exercício for feito em grupo, nos campos semânticos somados), 15 palavras para compor um texto que sirva de motivação para um grupo de trabalho que fará palestras sobre planejamento dentro da empresa. Componha seu texto com no máximo 25 linhas.

Exercício 6

A partir de seu texto, destaque ou reformule cinco frases motivacionais para incutir a necessidade de planejamento nas equipes de sua empresa.

Texto[2]

> **Notícias TST**
>
> Segunda-feira, 16 de maio de 2005
>
> A Primeira Turma do Tribunal Superior do Trabalho reconheceu o direito do empregador de obter provas para justa causa com o rastreamento do e-mail de trabalho do empregado. O procedimento foi adotado pelo HSBC Seguros Brasil S.A. depois de tomar conhecimento da utilização, por um funcionário de Brasília, do correio eletrônico corporativo para envio de fotos de mulheres nuas aos colegas. Em julgamento de um tema inédito no TST, a Primeira Turma decidiu, por unanimidade, que não houve violação à intimidade e à privacidade do empregado e que a prova assim obtida é legal. O empregador pode exercer, "de forma moderada, generalizada e impessoal", o controle sobre as mensagens enviadas e recebidas pela caixa de e-mail por ele fornecida, estritamente com a finalidade de evitar abusos, na medida em que estes podem vir a causar prejuízos à empresa, disse o relator, ministro João Oreste Dalazen. Esse meio eletrônico fornecido pela empresa, afirmou, tem natureza jurídica equivalente a uma ferramenta de trabalho. Dessa forma, a não ser que o empregador consinta que haja outra utilização, destina-se ao uso estritamente profissional.
>
> Dalazen enfatizou que o correio eletrônico corporativo não pode servir para fins estritamente pessoais, para o empregado provocar prejuízo ao
>
> *Continua*

---

[2] Extraído de: <http://www.contrix.com.br/site/index.php/content/view/109/2/>.

empregador com o envio de fotos pornográficas, por meio do computador e provedor também fornecidos pela empresa.

Demitido em maio de 2000, o securitário obteve, em sentença, a anulação da justa causa porque, para a primeira instância, a inviolabilidade da correspondência tutelada pela Constituição seria absoluta. Entretanto, o Tribunal Regional do Trabalho do Distrito Federal e Tocantins (10ª Região) deu provimento ao recurso do HSBC Seguros e julgou lícita a prova obtida com a investigação feita no e-mail do empregado e no próprio provedor.

De acordo com o TRT, a empresa poderia rastrear todos os endereços eletrônicos, "porque não haveria qualquer intimidade a ser preservada, posto que o e-mail não poderia ser utilizado para fins particulares". O ministro Dalazen registrou o voto revisor do juiz Douglas Alencar Rodrigues, do Tribunal Regional, no qual ele observa que "os postulados da lealdade e da boa-fé, informativos da teoria geral dos contratos, inibiriam qualquer raciocínio favorável à utilização dos equipamentos do empregador para fins moralmente censuráveis", ainda que no contrato de trabalho houvesse omissão sobre restrições ao uso do e-mail.

No voto, em que propõe que se negue provimento ao recurso (agravo de instrumento) do securitário, Dalazen esclareceu que a senha pessoal fornecida pela empresa ao empregado para o acesso de sua caixa de e-mail "não é uma forma de proteção para evitar que o empregador tenha acesso ao conteúdo das mensagens". Ao contrário, afirmou, ela serve para proteger o próprio empregador, para evitar que terceiros tenham acesso às informações da empresa, muitas vezes confidenciais, trocadas pelo correio eletrônico. O relator admitiu a "utilização comedida" do correio eletrônico para fins particulares, desde que sejam observados a moral e os bons costumes.

Pela ausência de norma específica a respeito da utilização do e-mail de trabalho no Brasil, o relator recorreu a exemplos de casos ocorridos em outros países. No Reino Unido, país que, segundo ele, mais evoluiu nessa área, desde 2000, pela Lei RIP (Regulamentation of Investigatory Power), os empregadores estão autorizados a monitorar os e-mails e telefonemas de seus empregados.

A Suprema Corte dos Estados Unidos reconheceu que os empregados têm direito à privacidade no ambiente de trabalho, mas não de forma abso-

Continua

> luta. A tendência dos tribunais norte-americanos seria a de considerar que, em relação ao e-mail fornecido pelo empregador, não há expectativa de privacidade.
>
> Dalazen enfatizou que os direitos do cidadão à privacidade e ao sigilo de correspondência, constitucionalmente assegurados, dizem respeito apenas à comunicação estritamente pessoal. O e-mail corporativo, concluiu, é cedido ao empregado e por se tratar de propriedade do empregador a ele é permitido exercer controle tanto formal como material (conteúdo) das mensagens que trafegam pelo seu sistema de informática.

PARA REFLETIR:

Suponha que, como parte da política da empresa de corrigir o mau uso dos e-mails e da internet, o texto acima seja divulgado para reflexão. Sua equipe identifica 20% dos funcionários com algum documento ou e-mail que poderia levar à demissão por justa causa. Entendendo que sua equipe não deseja realizar demissões em larga escala, que soluções podem ser adotadas após a divulgação do texto?

EXERCÍCIO 7

Leia o texto a seguir e sintetize suas idéias em no máximo cinco linhas.

> ### Qual é o problema?[3]
>
> Um dos maiores choques de minha vida foi na noite anterior ao meu primeiro dia de pós-graduação em administração. Havia sido um dos quatro brasileiros escolhidos naquele ano, e todos nós acreditávamos, ingenuamente, que o difícil fora ter entrado em Harvard, e que o mestrado em si seria sopa. Ledo engano.
>
> Tínhamos de resolver naquela noite três estudos de caso de 80 páginas cada um. O estudo de caso era uma novidade para mim. Lá não há aulas de

Continua

---

[3] *Veja*, São Paulo: Abril, v. 38, n. 1898, p. 18, 30 mar. 2005.

inauguração, na qual o professor diz quem ele é e o que ensinará durante o ano, matando assim o primeiro dia de aula. Essas informações podem ser dadas antes. Aliás, a carta em que me avisaram que fora aceito como aluno veio acompanhada de dois livros para serem lidos antes do início das aulas.

O primeiro caso a ser resolvido naquela noite era de marketing, em que a empresa gastava boas somas em propaganda, mas as vendas caíam ano após ano. Havia comentários detalhados de cada diretor da companhia, um culpando o outro, e o caso terminava com uma análise do presidente sobre a situação.

O caso terminava ali, e ponto final. Foi quando percebi que estava faltando algo. Algo que nunca tinha me ocorrido nos 18 anos de estudos no Brasil. Não havia nenhuma pergunta do professor a responder. O que nós teríamos de fazer com aquele amontoado de palavras? Eu, como meus outros colegas brasileiros, esperava perguntas do tipo: "Deve o presidente mudar de agência de propaganda ou demitir seu diretor de marketing?". Afinal, estávamos todos acostumados com testes de vestibular e perguntas do tipo: "Quem descobriu o Brasil?".

Harvard queria justamente o contrário. Queria que nós descobríssemos as perguntas que precisam ser respondidas ao longo da vida. Uma reviravolta e tanto. Eu estava acostumado a professores que insistiam em que decorássemos as perguntas que provavelmente iriam cair no vestibular.

Adorei esse novo método de ensino, e quando voltei para dar aulas na Universidade de São Paulo, 30 anos atrás, acabei implantando o método de estudo de casos em minhas aulas. Para minha surpresa, a reação da classe foi a pior possível.

"Professor, qual é a pergunta?", perguntavam-me. E, quando eu respondia que essa era justamente a primeira pergunta a que teriam de responder, a revolta era geral: "Como vamos resolver uma questão que não foi sequer formulada?".

Temos um ensino no Brasil voltado para perguntas prontas e definidas, por uma razão muito simples: é mais fácil para o aluno e também para o professor. O professor é visto como um sábio, um intelectual, alguém que tem solução para tudo. E os alunos, por comodismo, querem ter as perguntas feitas, como no vestibular.

Continua

Nossos alunos estão sendo levados a uma falsa consciência, o mito de que todas as questões do mundo já foram formuladas e solucionadas. O objetivo das aulas passa a ser apresentá-las, e a obrigação dos alunos é repeti-las na prova final.

Em seu primeiro dia de trabalho você vai descobrir que seu patrão não lhe perguntará quem descobriu o Brasil e não lhe pagará um salário por isso no fim do mês. Nem vai lhe pedir para resolver "4/2 = ?". Em toda a minha vida profissional nunca encontrei um quadrado perfeito, muito menos uma divisão perfeita, os números da vida sempre terminam com longas casas decimais.

Seu patrão vai querer saber de você quais são os problemas que precisam ser resolvidos em sua área. Bons administradores são aqueles que fazem as melhores perguntas, e não os que repetem suas melhores aulas.

Uma famosa professora de filosofia me disse recentemente que não existem mais perguntas a serem feitas, depois de Aristóteles e Platão. Talvez por isso não encontramos solução para os inúmeros problemas brasileiros de hoje. O maior erro que se pode cometer na vida é procurar soluções certas para os problemas errados.

Em minha experiência e na da maioria das pessoas que trabalham no dia-a-dia, uma vez definido qual é o verdadeiro problema, o que não é fácil, a solução não demora muito a ser encontrada.

Se você pretende ser útil na vida, aprenda a fazer boas perguntas mais do que sair arrogantemente ditando respostas. Se você ainda é um estudante, lembre-se de que não são as respostas que são importantes na vida, são as perguntas.

Stephen Kanitz
Administrador por Harvard (www.kanitz.com.br)

Exercício 8

Refletindo sobre as idéias do texto, redija um comentário de no máximo 15 linhas sobre a formação do administrador a partir das idéias de Kanitz.

Exercício 9

Selecione um parágrafo do texto de Kanitz e, a partir dele, construa uma apresentação para a sua turma, com o objetivo de desenvolver uma postura proativa diante dos problemas que uma empresa pode enfrentar.

4
Habilidades para a construção do texto

A construção do texto

Em geral, a pergunta que vem à cabeça de muitas pessoas quando se vêem diante da necessidade de compor um texto é: "Como começar?". A resposta, mais uma vez, é: "planejamento". Dependendo do tipo de texto, planejar o ordenamento das idéias e sua estrutura pode demandar um tempo maior, objetivando-se sempre, é claro, a eficácia da comunicação. Mas, no dia-a-dia, com as pequenas comunicações que somos levados a realizar, nem sempre há tempo de se fazer um planejamento completo do texto. O importante é desenvolver a capacidade de expressão escrita com eficácia e eficiência e interiorizá-la, para que, na velocidade das trocas de comunicação, os erros e a falta de clareza sejam minimizados ou eliminados por completo.

Então, ao invés de fazer a pergunta "como começar?", o ideal é substituí-la por outras perguntas que possibilitarão discernir a natureza da comunicação e a forma de estruturá-la. Antes de começar a escrever, é preciso compreender a situação em que se vai produzir o texto. Assim procedendo, será possível avaliar com bom senso e clareza o que é adequado ao seu texto, já de antemão desprezando o que pode ser nocivo à sua intenção de comunicar. Ainda com bom senso e clareza, é necessário identificar o que é ou não recomendável no que diz respeito ao tipo de texto produzido e à linguagem empregada.

Ao se identificar a situação de comunicação, parte-se para a delimitação dos objetivos do texto, a natureza da comunicação e a forma de apresentar o texto. Em síntese, o que não se pode deixar de fazer é pensar antes de compor o texto.

A construção do texto passo a passo:

❑ **Sobre o que vou escrever?** Delimite o assunto para evitar perder o foco da comunicação.

- **A quem o texto se destina?** Estabeleça a adequação da linguagem e atente para as marcas do discurso.
- **Qual é o objetivo do meu texto?** É uma solicitação, um comunicado, uma resposta?
- **Como pretendo construir o texto?** É uma carta, um e-mail, um comunicado?

De acordo com as respostas dadas a essas perguntas, já se terá uma estratégia clara para pelo menos iniciar o texto. Não se esqueça de sempre reler e revisar tudo o que escrever, de sempre buscar a eficiência.

Exercício 1

O diretor do departamento de gestão de pessoas precisa discutir com sua equipe uma estratégia de motivação para os funcionários. Utilizando o passo-a-passo apresentado anteriormente, elabore o planejamento do seu texto.

Exercício 2

A partir do planejamento construído no exercício 1, elabore um texto para a sua equipe, convocando-a para uma reunião.

Exercício 3

Prepare uma lista com o que FAZER e NÃO FAZER para apresentar na reunião com sua equipe.

Leia o texto a seguir para realizar os exercícios 4 e 5.

Insatisfação de funcionário é oportunidade de melhoria[4]

Em quase toda empresa há aquele típico funcionário insatisfeito. Não importa o tanto de benefícios que recebe, ele sempre estará atento às falhas da organização. Geralmente, é uma pessoa mais audaciosa, que impõe suas

Continua

---

[4] Disponível em: <http://www.catho.com.br/estilorh/index.phtml?combo_ed=112&secao=158>. Acesso em: jan. 2006.

opiniões, gostos, críticas e, às vezes, acaba agindo como um verdadeiro formador de opinião dentro da corporação, podendo contaminar o grupo.

É preciso estar bastante atento a esse tipo de conduta. Primeiro, para que outros colaboradores não passem a ver o copo "meio vazio", mas sempre "meio cheio". Segundo, e muito importante, porque muitas mudanças podem ocorrer a partir do "funcionário-radar", que graciosamente detecta falhas e pontos críticos da organização.

Podemos começar tomando de empréstimo uma lição da área de Marketing: "Todo cliente que reclama é uma oportunidade de melhoria". O funcionário descontente é um cliente interno para a área de Recursos Humanos. Ele deve dispor de canais onde possa expressar suas queixas, manifestar suas insatisfações. Querer conhecer a razão de seu descontentamento é um sinal de respeito que já começa a virar o jogo a favor da empresa.

Se ouvir atentamente as queixas do funcionário não for o suficiente para torná-lo satisfeito, ao menos aumenta a imunidade à insatisfação do resto do grupo e minimiza as típicas queixas feitas nos corredores, na máquina de café, abrindo a possibilidade de um tratamento positivo do assunto.

A efetiva resolução de um problema, em muitos casos, pode depender apenas de esclarecimento, comunicação e orientação. Por isso, os canais precisam estar abertos. Casos mais complexos também têm de ser conhecidos pela administração da empresa. O profissional de RH, que certamente não se sente confortável em admitir que os colaboradores simplesmente passam por cima das regras da empresa e, ao mesmo tempo, não tende a "enterrar a cabeça na areia como se nada estivesse acontecendo", precisa levar às altas instâncias não apenas os problemas, mas as possíveis soluções.

É uma oportunidade de aprimorar políticas de benefícios ou de promoção, inovar nas práticas de remuneração ou desenvolvimento. Um cliente interno que tem sua queixa atendida pode se transformar numa influência extremamente positiva para o clima organizacional. Então, o principal é não ter medo de ouvir os descontentes.

É claro que nem sempre a causa do descontentamento pode ser solucionada. Nessa situação, é perfeitamente possível que as ambições, moti-

Continua

> vações ou interesses do funcionário não sejam compatíveis com os da empresa ou da sua área específica. Pelo menos, não naquele momento...
>
> Novamente, o mais recomendável é manter a comunicação aberta, enfrentando de forma objetiva as divergências para que o resto do grupo possa assumir suas próprias posições com clareza. Discutindo os problemas com franqueza, minimizam-se jogos dramáticos em que uns aparecem como vítimas, outros como heróis e outros, ainda, como algozes.
>
> *John Cymbaum*
> Consultor em gestão de recursos humanos, diretor da Laboredomus, mestre em administração e sociólogo

Exercício 4

A partir das idéias do texto, imaginando-se como diretor do departamento de gestão de pessoas, descreva uma estratégia para criar um canal de comunicação com o "funcionário insatisfeito". Atente para que sua estratégia não pareça uma coerção ou para que seu departamento não aja como "algoz".

Exercício 5

De acordo com a estratégia elaborada, redija um e-mail para o funcionário que você deseja ouvir.

Exercício 6

Cite dois argumentos que você utilizaria para convencer sua equipe de trabalho a redigir um documento coletivo relatando suas insatisfações no ambiente de trabalho.

Exercício 7

Como já vem ocorrendo em algumas empresas, funcionários que podem ter acesso a ambientes de alta confidencialidade tiveram chips implantados para que pudessem ter seus movimentos controlados. Qual é a sua opinião sobre isso? Redija um texto dissertativo discutindo a relação emprego–individualidade–liberdade.

5

A qualidade da comunicação na empresa

Qualidades da comunicação

Na administração moderna, os princípios que norteiam as decisões se baseiam nos conceitos de *eficácia* e *eficiência*. Também vale dizer que, no âmbito da comunicação empresarial, tais princípios funcionam como meta a ser alcançada em qualquer modalidade textual.

Pode-se estabelecer a eficácia como a segurança de que a mensagem alcançará seu propósito, sem gerar ambigüidade, multiplicidade de interpretações ou mal-entendidos. A estruturação do texto de forma clara, objetiva e sucinta corresponde à sua eficiência. Uma mensagem pouco eficiente pode prejudicar sua eficácia. Entretanto, vale lembrar que uma mensagem bastante eficiente não implica que ela seja automaticamente eficaz, pois a eficácia está condicionada essencialmente à adequação e à delimitação da mensagem, como se viu no capítulo 4.

Uma das grandes qualidades da comunicação escrita é a *clareza*. Um texto obscuro ou rebuscado deixa o leitor inseguro, sem condições de responder prontamente ao que é solicitado.

Para garantir a clareza de um texto, é necessário:

- construir frases curtas;
- evitar rebuscamento;
- buscar a precisão vocabular;
- articular logicamente as idéias.

As frases curtas tendem a ser mais facilmente fixadas pelo leitor. Repare que *slogans*, frases de advertência ou comando costumam ser curtos, com o objetivo de garantir a eficácia da comunicação. Nesse caso, a eficiência da comunicação reside na opção por frases curtas.

O rebuscamento na comunicação no âmbito institucional esbarra em dois entraves à eficácia: o texto pode levar a crer que o emissor é pedante, gerando uma rejeição natural à idéia exposta, ou pode resultar em mau entendimento, destruindo todo o objetivo da comunicação.

Outra grande qualidade da comunicação escrita é a *objetividade*. A objetividade de um texto começa por sua clareza, aliada à delimitação precisa do assunto, à definição prévia dos objetivos do texto e à precisão das idéias, sem referência a pensamentos ou dados que possam afastar o leitor do cerne do texto.

Clareza e objetividade são sinais de eficiência do texto, servindo de base à *eficácia*, a terceira qualidade da comunicação escrita. Com clareza e objetividade, o texto pode facilmente alcançar seu objetivo.

Entretanto, não basta pensar o texto apenas como seu emissor, é importante ficar atento à recepção dele. Em vez de esperar que seu interlocutor naturalmente entenda suas idéias, é melhor perguntar o que ele compreendeu, observando se o que se quis dizer foi entendido perfeitamente. Caso contrário, refaça a comunicação de outra forma. Tal procedimento vale também para quando se recebe uma mensagem. Parafraseando o que seu interlocutor disse, ambos terão a certeza de que estão se referindo à mesma idéia, eliminando todos os possíveis ruídos na comunicação.

A quarta qualidade da comunicação escrita é sua *fluência*. Se um texto é claro, objetivo, e sua comunicação é eficaz, há grandes chances de se alcançar a fluência, que depende igualmente de uma sólida estrutura gramatical. Em outras palavras, entrou-se no campo da coerência e da coesão textuais, assunto do capítulo 6.

Exercício 1

Redija um e-mail para um funcionário da empresa destacando sua atuação em algum projeto recém-implantado e parabenizando-o pela iniciativa. Busque as quatro qualidades da comunicação escrita.

Exercício 2

Redija um e-mail para um superior solicitando o agendamento de uma reunião para discutir problemas levantados no projeto que você lidera. Não se esqueça das quatro qualidades da comunicação escrita.

Exercício 3

Redija um e-mail para um novo fornecedor, com quem você negocia pela primeira vez, solicitando dados como custo de produtos e prazo de entrega. É importante que sua comunicação apresente as quatro qualidades estudadas neste capítulo.

Exercício 4

Leia com atenção o texto a seguir, apontando os aspectos com que concorda e de que discorda. Justifique suas escolhas.

Clareza e interpretação[5]

A clareza é uma importante qualidade num texto filosófico. Mas por vezes pensa-se que a clareza é um fim em si. Do meu ponto de vista, a clareza não é um fim; é apenas um meio. Um meio para que as idéias do autor possam ser claramente compreendidas, permitindo assim a discussão aos seus leitores. Um texto obscuro exige um esforço tal aos seus leitores que não lhes resta grande energia para discutir as idéias do autor.

Penso que é dever do intelectual dar a conhecer da forma mais clara possível as suas idéias, para que possam ser criticamente avaliadas por terceiros. Pessoalmente, quando estou perante textos muito obscuros, limito o meu esforço de interpretação, procurando não esgotar aí todas as minhas energias. Depois de um esforço razoável, limito-me a discutir o que consegui entender do texto, desde que isso seja uma idéia que considero filosoficamente interessante; se por acaso não é exatamente isso que o autor pensa, ele que se queixe; devia ter sido mais claro.

Isto é o que eu chamo ler um texto obscuro em termos "inspiradores": deixo de me preocupar com o que queria tão profundo pensador dizer que eu não percebo, e passo a preocupar-me com as idéias que me ocorrem e

Continua

---

[5] MURCHO, Desidério. *Clareza e interpretação* [com adaptações]. Disponível em: <http://www.criticanarede.com/ed31.html>.

me parecem interessantes, idéias inspiradas pela leitura do texto. Essa atitude tem a vantagem de não ficarmos eternamente tentando dissecar o que queria realmente o autor dizer (e veja-se a estéril indústria da dissecação que floresce em torno de autores obscuros como Heidegger e Wittgenstein).

Infelizmente, muitas pessoas encaram a filosofia como a arte da dissecação, terminando o trabalho filosófico ainda antes de ter começado: na determinação exaustiva do que queria realmente o autor dizer. Do meu ponto de vista, isso é confundir os meios com os fins. A interpretação é apenas um meio, e não um fim. Como a clareza. O fim é a discussão das idéias; é tentar saber o que querem essas idéias realmente dizer; e se temos boas razões para as aceitar, ou melhores razões para as recusar.

Curiosamente, grande parte do trabalho universitário é uma forma organizada de dissecar os filósofos de mil maneiras diferentes, parafraseando, citando abundantemente, e nunca fazendo a pergunta crucial: "Será que o autor tem razão?". É só quando se faz essa pergunta que começa o trabalho verdadeiramente filosófico, que começa a discussão de idéias.

Desidério Murcho

Exercício 5

Na comunicação interpessoal, é importante que se observem, além dos cuidados com a linguagem, os aspectos posturais que complementam o universo da comunicação.

Dicas:

- Sempre preste atenção quando alguém estiver lhe dirigindo a palavra; evite desviar o olhar ou realizar outra atividade concomitantemente.
- Tome como base de julgamento o conteúdo da mensagem, e não a pessoa que a apresenta. Isso pode evitar interpretações preconcebidas das idéias pelo fato de o receptor se basear na opinião que tem do emissor.
- Esteja atento aos gestos e posturas corporais, tanto os seus quanto os do interlocutor. Isso pode ajudar na leitura das entrelinhas, assim como avaliar o grau de recepção de sua comunicação.

❑ Sempre busque o *feedback* das comunicações que realizou, seja fazendo o interlocutor construir paráfrases, seja avaliando as opiniões dos receptores. Ao mesmo tempo, não deixe de reagir às comunicações que recebe, sempre procurando confirmar se entendeu exatamente o que pretendia ser dito.

Com base nessas dicas, simule, na forma de um relato, uma situação de comunicação em que pelo menos três dessas dicas não tenham sido seguidas. Crie personagens fictícios ou baseie-se em alguma situação que tenha vivido ou presenciado.

Exercício 6

A partir do relato que compôs, aponte o que deveria ser modificado e que conseqüências tais mudanças provocariam.

6
A coerência textual

No processo de composição de um texto não-literário, tendo em mente o que se pretende dizer e que objetivos alcançar, a estrutura e a linguagem escolhidas devem observar sempre os princípios da objetividade e da clareza, evitando construções sintáticas e semânticas que, por serem falhas, prejudiquem ou invalidem o ato comunicativo. Isso ocorre freqüentemente com textos ambíguos, que impossibilitam a precisão da comunicação; com textos com argumentação falaciosa, que acabam desviando o foco da argumentação válida; e também com estruturas em que não se observa o paralelismo sintático e semântico, fator, muitas vezes, de empobrecimento da capacidade expressiva do texto.

As ambigüidades

A ambigüidade ocorre quando não se atenta para o fato de que uma construção frásica possibilita mais de um entendimento. Na maior parte das vezes, escreve-se sem perceber que a estrutura se tornou ambígua.

Observe a seguinte frase:

O coordenador da equipe de Ronaldo, que viajará para a filial de Belém, apresentou as diretrizes do trabalho.

Para quem redigiu a frase, com certeza, a idéia é clara; mas, para quem a lê, não há como saber o que de fato se deseja comunicar. Quem viajará para Belém? Da forma como a frase está redigida, não é possível afirmar se será Ronaldo, a equipe ou o coordenador.

Um procedimento eficaz para evitar ambigüidades é a releitura e a revisão de tudo o que se escreve. Tal hábito não só evitará que erros grosseiros acabem passando, mas também permitirá que o texto ganhe em precisão vocabular e clareza nas opções sintáticas.

Como resolver a ambigüidade na frase da p. 57?

1. O problema está no uso do pronome relativo QUE sem uma delimitação concreta do seu antecedente.

O coordenador da equipe de Ronaldo, que viajará para a filial de Belém, apresentou as diretrizes do trabalho.

Sendo "Ronaldo" o antecedente, a mensagem é que ele viajará para Belém.

O coordenador da equipe de Ronaldo, que viajará para a filial de Belém, apresentou as diretrizes do trabalho.

Sendo "a equipe" o antecedente, a mensagem é que ela viajará para Belém.

O coordenador da equipe de Ronaldo, que viajará para a filial de Belém, apresentou as diretrizes do trabalho.

Sendo "o coordenador" o antecedente, a mensagem é que ele viajará para Belém.

Dessa forma, embora o pronome QUE esteja na preferência de uso dos pronomes relativos, não convém usá-lo em caso de ambigüidade, devendo-se optar pela forma equivalente O QUAL e suas flexões. Vale lembrar que não se devem usar indistintamente as formas com marca de gênero e número do pronome relativo, reservando-as para serem aplicadas nos casos de possíveis ambigüidades.

Veja o exemplo a seguir:

O coordenador de Maria, que viajou ontem, já enviou os relatórios.

No caso acima, basta substituir o pronome relativo QUE por O QUAL (se se desejar dizer que quem viajou foi o coordenador) ou por A QUAL (se se desejar dizer que quem viajou foi Maria).

O coordenador de Maria, o qual viajou ontem, já enviou os relatórios.

O coordenador de Maria, a qual viajou ontem, já enviou os relatórios.

Contudo, nem sempre é possível resolver a ambigüidade apenas substituindo o pronome relativo QUE. No caso acima, por exemplo, se não houvesse oposição de gênero, a substituição do QUE por O QUAL / A QUAL não solucionaria o problema.

A coordenadora de Maria, a qual viajou ontem, já enviou os relatórios.

Repare que a ambigüidade se mantém. Ao se substituir o QUE por A QUAL, a ambigüidade não se resolve, pois continua-se sem saber quem enviou os relatórios, se a coordenadora ou Maria. Nesse caso, é preciso especificar a quem o pronome relativo se refere, utilizando os pronomes ESTE e AQUELE e suas flexões, em função anafórica. (Tal uso será desenvolvido no capítulo 7.) Ou seja:

A coordenadora de Maria, a qual, esta, viajou ontem, já enviou os relatórios.

Assim, não resta dúvida de que foi Maria quem viajou.

A coordenadora de Maria, a qual, aquela, viajou ontem, já enviou os relatórios.

Assim, não resta dúvida de que foi a coordenadora quem viajou.
Vejamos a frase anterior:

O coordenador da equipe de Ronaldo, que viajará para a filial de Belém, apresentou as diretrizes do trabalho.

Ao se substituir o QUE por O QUAL, a ambigüidade também não se resolve, uma vez que se continua sem saber quem viajou para Belém, se o coordenador ou Ronaldo. Nesse caso, é preciso igualmente especificar a quem o pronome relativo se refere.

Há, então, três possibilidades de redação para dar fim à ambigüidade:

O coordenador da equipe de Ronaldo, a qual viajará para a filial de Belém, apresentou as diretrizes do trabalho.

Com o uso de A QUAL, fica claro que quem viajará será toda a equipe.

O coordenador da equipe de Ronaldo, o qual, este, viajará para a filial de Belém, apresentou as diretrizes do trabalho.

Com o uso de O QUAL, adicionando-se o pronome ESTE, fica claro que quem viajará será Ronaldo.

O coordenador da equipe de Ronaldo, o qual, aquele, viajará para a filial de Belém, apresentou as diretrizes do trabalho.

Com o uso de O QUAL, adicionando-se o pronome AQUELE, fica claro que quem viajará será o coordenador.

Em alguns casos, é provável que se prefira reescrever a frase a acrescentar elementos apositivos para eliminar a ambigüidade. Entretanto, isso não será possível em todas as situações, daí a necessidade de conhecer bem as possibilidades de evitá-la.

Passemos a alguns exercícios.

Exercício 1

Elimine a ambigüidade das frases a seguir:

a) A máquina da seção, que se encontra paralisada, foi comprada recentemente.

b) Os relatórios dos funcionários, que precisavam ser cadastrados, continham informações importantes a respeito da negociação.

c) As secretárias das repartições, que foram informadas, enviaram os documentos necessários.

d) Os amigos de Mariana, a quem entregamos o livro, chegarão amanhã.

Exercício 2

Outro caso comum de ambigüidade ocorre com o pronome SEU. Observe a frase a seguir e procure, realizando alterações, resolver a falta de clareza.

O tio de Pedro pediu a Paulo que encomendasse seus remédios.

De quem são os remédios? Do tio? De Pedro? De Paulo? Ou do interlocutor?

Exercício 3

A partir das soluções encontradas no exercício 2, corrija as frases a seguir, de modo a evitar a ambigüidade.

a) O pai disse ao filho que não se esquecesse de seus documentos.

b) Antes que apresentasse seus papéis, Sérgio disse a Marcos que sua vaga estava garantida.

As falácias

Outro problema bastante grave na composição textual ocorre quando a argumentação se torna incoerente pelo uso de falácias. Entende-se por falácia um raciocínio falso, que pode simular veracidade no discurso. Muitas vezes, quando se constroem os argumentos para comprovar as idéias num texto, peca-se pelo desvio do foco argumentativo, caindo no pensamento falacioso, mesmo que o raciocínio pareça coerente.

Em seu livro *Comunicação em prosa moderna*, Othon M. Garcia aponta a natureza da *falácia*, diferenciando-a do *sofisma*. Este ocorre voluntariamente, quando se deseja propositalmente induzir o interlocutor a um pensamento enganoso. Aquela, contudo, ocorre involuntariamente, sendo resultado de uma argumentação mal formulada, fruto de um erro. Para Garcia, "ainda que cometamos um número infinito de erros, só há, na verdade, do ponto de vista lógico, duas maneiras de errar: raciocinando *mal* com dados *corretos* ou raciocinando *bem* com dados *falsos*. (Haverá certamente uma terceira maneira de errar: raciocinando *mal* com dados *falsos*.) O erro pode, portanto, resultar de um vício de *forma* — raciocinar *mal* com dados *corretos* — ou de *matéria* — raciocinar bem com dados *falsos*".[6]

As falácias podem ser formais, constituídas por raciocínios inválidos de natureza dedutiva (ou seja, quando ocorre erro resultante de um vício de forma), e podem ser materiais, quando ocorre erro por se ter apreciado erroneamente a matéria (os fatos). Vejamos os tipos de falácia:

1. *Falácia da afirmação do conseqüente.*

De premissas possivelmente verdadeiras, tira-se uma conclusão falsa, ignorando as demais possibilidades. Exemplo: Se chover muito, os bueiros entopem. O bueiro está entupido. Logo, choveu muito.

2. *Falácia da negação do antecedente.*

Semelhante à anterior, negando-se a primeira premissa. Exemplo: Se chover muito, os bueiros entopem. O bueiro não está entupido. Logo, não choveu muito.

3. *Falácia da conversão.*

Neste caso, não são respeitadas as leis da oposição, gerando uma conclusão falsa. Exemplo: A andorinha voa. Logo, tudo o que voa é andorinha.

4. *Falácia de oposição.*

Como no caso anterior, não se respeitam as leis da oposição. Exemplo: É falso que toda criança mente. Logo, nenhuma criança mente.

---

[6] *Comunicação em prosa moderna*. 7. ed. rev. Rio de Janeiro: FGV, 1978. p. 307.

5. *Raciocínio circular (círculo vicioso) ou petição de princípios.*

Quando se apresenta a própria declaração como prova dela, ou seja, quando se afirma a mesma idéia com outras palavras. Exemplo: Investir na bolsa de valores é perigoso porque é imprevisível e arriscado.

6. *Falácia do acidental.*

Ocorre quando se confunde o acidental com o essencial e vice-versa. Exemplo: Temperar carne de porco na hora de assar não dá bons resultados. Logo, temperar carne de porco é inútil.

7. *Falácia de ignorância da questão.*

Quando se deixa que a emoção, a paixão e até mesmo a veemência desloquem a atenção do assunto, fugindo aos fatos, ao raciocínio objetivo, para apelar a algo que comova ou irrite o interlocutor. Exemplo: O réu não merece ser condenado por homicídio, pois é um homem trabalhador, pai de família, marido dedicado, cumpridor de seus deveres civis...

8. *Falácia da ignorância da causa.*

Quando se toma qualquer circunstância acidental como causa de um fato. Exemplo: Depois de ir ao cinema, ela teve uma crise de apendicite. Logo, o cinema causa apendicite.

9. *Falsa analogia.*

Como a analogia é uma semelhança, pode levar a uma conclusão imperfeita. É comum, no dia-a-dia, as pessoas tomarem para si explicações a partir do que aconteceu a outrem. Exemplo: Meu vizinho costumava ter dores de cabeça. Depois que começou a usar óculos, nunca mais sentiu nada. Se eu tiver dor de cabeça, vou usar óculos.

10. *Falsos axiomas.*

Por axioma entende-se um princípio de demonstração desnecessária, por ser evidente. Quando se diz que o todo é maior do que a parte, é desnecessário comprovar por demonstração. O problema do falso axioma reside em criar máximas e frases feitas, que, por causarem impacto, acabam servindo a um raciocínio com verdade aparente. Exemplo: A verdade sai da boca das crianças. (*Ex ore parvulorum veritas.*) A máxima latina pode ser empregada para manipular a verdade, se for apresentada como irrefutável e não carente de demonstração.

Alguns argumentos podem ter natureza falaciosa. Tratarei desse aspecto mais adiante.

Exercício 4

Construa frases propositalmente falaciosas, utilizando o tipo de falácia solicitado.

a) falácia da afirmação do conseqüente;
b) falácia da conversão;
c) raciocínio circular;
d) falácia do acidental;
e) falácia da ignorância da causa.

Exercício 5

Redija um parágrafo defendendo seu colega por ter chegado atrasado, utilizando a falácia de ignorância da questão.

Exercício 6

Utilizando os provérbios e máximas de origem latina a seguir, aplique-os em um discurso falacioso de falso axioma no contexto empresarial. Use sua criatividade!

a) A experiência vale mais que a ciência. (*Experientia praestantior arte.*)
b) A intenção é que faz a ação. (*Voluntas pro facto reputatur.*)
c) Bem sabe mandar quem soube obedecer. (*Bene imperat qui bene paruit aliquando.*)

Exercício 7

Às vezes, mirando-nos em situações que nossos colegas vivenciam no ambiente profissional, deixamos de tomar atitudes que possam surtir os mesmos efeitos que provocaram nos outros. Isso pode nos fazer usar uma falsa analogia e deixar de executar uma tarefa ou arriscar um projeto somente porque outros tentaram e não conseguiram. Como você se comportaria numa situação dessas? Redija um pequeno texto, de no máximo 15 linhas, expondo sua visão do problema.

Paralelismo sintático e semântico

O terceiro aspecto a ser tratado neste capítulo sobre coerência textual é a necessidade de se manter o paralelismo sintático e semântico. Sempre deve haver correlação sintática e semântica entre termos que se somam ou se opõem num texto.

Observe a frase a seguir:

Queríamos duas modificações: a antecipação da data de entrega e que o orçamento fosse revisto.

Os termos que se relacionam mantêm paralelismo semântico, mas não sintático. Ou se mantém a estrutura nominal ou a estrutura oracional. Assim, deve-se reescrever a frase de uma das maneiras a seguir:

Queríamos duas modificações: a antecipação da data de entrega e *a revisão do orçamento*.

ou

Queríamos duas modificações: *que a data de entrega fosse antecipada* e que o orçamento fosse revisto.

Da mesma forma, para evitar um discurso falacioso, deve-se procurar manter o paralelismo semântico, ou seja, não apontar elementos incongruentes como adição ou oposição.

Observe a frase a seguir:

A administração de empresas se apresenta hoje como uma boa opção de carreira porque há excelente remuneração no mercado e porque seu pai sempre gostou de finanças.

Repare que ocorre um paralelismo sintático, pois são construídas duas orações causais, unidas por "e". Mas o paralelismo semântico não é mantido. A primeira justificativa constitui um verdadeiro argumento para a afirmativa anterior, o que não ocorre com a segunda. (O fato de seu pai sempre ter gostado de finanças *não* serve de justificativa para a carreira de administrador de empresas ser uma boa opção.) Como o paralelismo semântico não é mantido, facilmente se cai num raciocínio falacioso.

Exercício 8

Resolva os casos de falta de paralelismo sintático a seguir.

a) Desejamos que todos os funcionários aproveitem as férias e uma boa estada no hotel da empresa.

b) Conseguiríamos alcançar nossas metas por meio de duas estratégias: minimizando os custos e com a otimização da produtividade.

Exercício 9

Complete as frases a seguir com dois elementos, observando os paralelismos sintático e semântico. (Cuidado para não construir falácias.)

a) Votamos em candidatos honestos porque _____
   e _____.

b) Escolhemos dois comportamentos que você precisa adotar: _____
   _____ e _____.

Exercício 10

Complete as frases a seguir com argumentos sólidos, não-falaciosos.

a) É necessário diminuir as horas de improdutividade na empresa porque
_____

b) Nunca nadamos duas vezes nas mesmas águas de um mesmo rio porque
_____

c) É sempre mais difícil ancorar um navio no espaço porque _____
_____.⁷

Atividade complementar:

Redija um pequeno texto, utilizando entre 15 e 20 linhas, argumentando por que você e sua equipe devem receber o prêmio de destaque na empresa. Cuidado para não empregar argumentação frágil ou falaciosa.

---

⁷ A partir de um poema de Ana Cristina César.

7

A coesão textual

A coesão

Como já anunciado em capítulos anteriores, a coesão anda lado a lado com a coerência, sendo esta fator necessário àquela. Por coesão textual entende-se o conjunto de elementos estruturais que dão suporte às idéias, ou seja, a concretização, na forma, do que se pretendeu com o pensamento ao se elaborar o texto. Vale lembrar que, se o pensamento, a idéia, o raciocínio não forem coerentes, não haverá possibilidade de coesão, a não ser que se aceite uma "coesão falaciosa".

Contudo, muitas vezes o raciocínio é lógico, bem embasado, a argumentação é coerente e convincente, mas a expressão formal não acompanha o que se pretendeu dizer, gerando textos fragmentados, sem ligação nítida entre as idéias. É como se o leitor tivesse de fazer um enorme esforço para associar, por si mesmo, o que o autor do texto pretendeu dizer. Retomando os ruídos da comunicação tratados anteriormente, pode-se afirmar que a falta de coesão textual é um grande empecilho à boa decodificação da mensagem. Por outro lado, um texto coeso organiza a leitura, facilita o entendimento, possibilita a fluência das idéias e, obviamente, do processo argumentativo.

Cabe aqui falar em "argumento oculto da competência lingüística", ou seja, se o texto está bem construído, é coerente e coeso, obedece às normas gramaticais, tem precisão vocabular, cria-se no leitor a pressuposição de que as idéias ali apresentadas merecem mais credibilidade. Por outro lado, se não se constrói o texto com todas as qualidade já apontadas, o leitor passa a desconfiar de todo o seu conteúdo. Para ser mais exato, imagine um professor de português se apresentando no primeiro dia de aula a uma turma de graduação da seguinte maneira:

— A gente viemos aqui pra resolver os pobrema do português de vocês.

Será que a turma vai acreditar em qualquer conhecimento que o professor desejar construir com os alunos? Sem dúvida, vale aqui lembrar que se julga primeiro pela aparência, decidindo se se deseja ou não conhecer a essência. Da mesma forma, em uma entrevista de emprego, pode-se dizer que seu melhor cartão de visitas é sua apresentação lingüística. E para isso também servem os exercícios deste livro.

Além da coerência textual, haverá coesão quando os conectivos do texto forem usados com propriedade e quando a pontuação for feita corretamente.

Uma das grandes dúvidas no momento de se compor um texto refere-se ao uso dos pronomes *este* e *esse*, que, na linguagem coloquial, praticamente se equivalem. Contudo, no texto bem escrito, é fundamental que os pronomes exerçam os papéis convencionados pela língua, sob pena de se gerarem ruídos desnecessários à comunicação.

❑ Quando indica elementos do discurso, o pronome *esse* tem função anafórica, ou seja, aponta para uma palavra ou idéia já citada.
❑ Por sua vez, o pronome *este* tem função catafórica, ou seja, aponta para uma palavra ou idéia que ainda será citada.

Observe:

Coesão textual: *esse* é o problema.
O problema é *este*: coesão textual.

É necessário muito cuidado para não haver confusão com o uso do par *este* e *aquele*.

❑ Quando são dois os elementos anteriormente citados e é necessário referir-se somente a um deles, usa-se *este* em oposição a *aquele*.
❑ *Este* refere-se ao mais próximo, e *aquele*, ao mais distante.

Observe:

Política e politicalha: *esta* é a arma dos espertos; *aquela*, dos sábios.

Repare que *esta* se refere a *politicalha* (o elemento mais próximo) e *aquela*, a *política* (o elemento mais distante).
Vejamos a frase a seguir:

Entre os convidados, estarão meus irmãos e meus primos. _____ receberão presentes.

Se, na lacuna, se utilizar ESTES, só meus primos serão presenteados. Caso se utilize AQUELES, só meus irmãos serão presenteados. E se se utilizar ESSES, tanto meus primos quanto meus irmãos serão presenteados.
Em todos os casos, os pronomes desempenham papel anafórico, pois se referem ao que já foi dito.
Os pronomes também têm função díctica (ou dêitica), ou seja, localizam o espaço, o tempo e o enunciador do discurso.
Observe:

Temos de entregar o relatório neste mês.

Sem dúvida, a referência é ao mês em curso.

Já estivemos nesta sala antes.

Sem dúvida, a referência é à sala em que se encontra o enunciador do discurso.

Use estes documentos nesse relatório.

Sem dúvida, os documentos se encontram próximos do enunciador, e o relatório, próximo do interlocutor. Vale lembrar que, na função díctica, ESTE refere-se à pessoa que fala (1ª pessoa) ou ao que está próximo dela, ao presente, ao espaço que se ocupa. ESSE refere-se à pessoa com quem se fala (2ª pessoa) ou ao que está próximo dela, ao passado ou ao futuro próximos, ao espaço distante do enunciador e próximo do interlocutor. E AQUELE refere-se à pessoa de quem se fala (3ª pessoa) ou ao que está próximo dela, ao passado ou ao futuro um pouco mais distantes, ao espaço distante tanto do enunciador quanto do interlocutor.

Veja o quadro sintético a seguir:

Pronome demonstrativo	Pessoa do discurso	Lugar	Tempo	Discurso
ESTE (S) ESTA (S) ISTO	Fazem referência a pessoa ou coisa próxima da pessoa que fala (EU).	Referem-se ao lugar em que está o emissor.	Referem-se ao presente.	Com função anafórica, identificam o termo mais próximo, havendo dois anteriormente citados. Com função catafórica, referem-se ao que vai ser citado no discurso.
ESSE (S) ESSA (S) ISSO	Fazem referência a pessoa ou coisa próxima da pessoa com quem se fala (TU).	Referem-se ao lugar em que está o receptor.	Referem-se a passado ou futuro próximos.	Com função anafórica, referem-se ao que foi citado no discurso.
AQUELE (S) AQUELA (S) AQUILO	Fazem referência a pessoa ou coisa distante da pessoa que fala e da pessoa com quem se fala. Correspondem a ELE.	Referem-se a lugar distante do emissor e do receptor.	Referem-se a passado ou futuro distantes.	Com função anafórica, identificam o termo mais distante, havendo dois anteriormente citados.

Exercício 1

Utilize *este*, *esse*, *aquele* (e suas flexões) convenientemente:

a) _____ texto que agora escrevo serve a _____ propósito: elucidar as dúvidas que _____ normas afixadas lá fora geraram.
b) Chegaram do aeroporto os malotes e as caixas. _____ serão levados para a mesa da secretaria; _____, para o depósito.
c) _____ seu lápis é macio? Depois você pode me emprestar?
d) A pedido do chefe d_____ escritório onde trabalho, encaminho a _____ empresa as listagens solicitadas.

Exercício 2

Componha frases com os elementos solicitados a seguir:

a) ESTE em função catafórica.

b) AQUELE em função díctica.

c) ESSE em função anafórica.

d) ESSE em função díctica.

e) ESTE em função díctica.

Exercício 3

Leia o texto a seguir e analise os casos de ESTE, ESSE, AQUELE (e flexões).

> (...)
> Trata-se de uma experiência com a cegueira; um dos protagonistas é um homem cego. Ao final, ficará evidente que também um olho que vê pode ser cego.

Continua

Aliás, esse tipo especial de cegueira é bem o tema de nossa história.

Um dos protagonistas é, como dizia, um cego, um homem ainda relativamente jovem. Todos o conheciam, pois ele não sabia fazer outra coisa a não ser ficar sentado na rua pedindo esmola.

Entretanto, que significa exatamente: "todos o conheciam?". Conheciam, sim, seu jeito, sua voz e aquele seu rosto um tanto vazio e rígido. Mas será que seriam capazes de reconhecê-lo em um outro ambiente, digamos, no jantar em casa de seus pais — com quem ele mora — ou no caminho, guiado por um menino? Isso é duvidoso, e esse detalhe tem sua importância em nossa história.

Para ir direto ao ponto mais importante: aconteceu que, um dia, esse homem, repentinamente, recobrou a visão. Não, "recobrou", não, mas pela primeira vez pôde ver (pois ele era cego de nascença...). O mendigo lavou-se numa água parada e, de repente, ganhou a visão.

Talvez esse lavar-se não tenha sido o decisivo: algo tinha ocorrido antes. E, por isso, precisamos falar também de um outro personagem principal. Mas esse não pode ser caracterizado tão facilmente.

O povo andava falando do "homem milagroso", muitos o chamavam de "o Bom" e outros até de o "Bendito". Mas, para nossa história, isso não é lá muito importante. Mais importante é que ele era suspeito. Suspeito ante quem? E suspeito de quê? Também isso — esta última pergunta — é difícil de responder. Ele era suspeito para os poderosos. Mas por quê? Bem, isso só eles é que sabiam. Diziam que ele desprezava as leis e os costumes. Mas claramente não era essa a razão da suspeita, ainda que a conduta daquele homem, para muitos, parecesse fora do comum, fora da ordem.

Aliás, "suspeita" não é também a palavra certa; o que havia era inveja e quase ódio. Os detentores do poder temiam a crescente popularidade do homem dos milagres, sua influência sobre a massa insensata. E isso com razão, se bem que a gente do povo, que não quer cair na antipatia dos poderosos, já começava a acautelar-se em manifestar de maneira demasiadamente clara sua admiração — admiração um tanto inconsiderada — por aquele homem, pois não era totalmente isento de perigo fazê-lo. E, por fim, não sabiam realmente a quantas andavam com ele.

Continua

O fato é que esse homem — também ele relativamente jovem, pouco mais de trinta anos — tinha-se encontrado com o cego na rua. Deu-se um curto diálogo entre os dois no qual o mendigo ouviu, misturadas com a dele, algumas outras vozes. E, então, o cego sentiu um dedo sobre seus olhos que parecia esfregá-los com uma espécie de pomada. Ao mesmo tempo, uma das vozes lhe dizia que ele devia ir lavar-se numa tal piscina. E então, como dissemos, tornou-se capaz de ver.

E assim começa a experiência.

"Caminhando, viu Jesus um cego de nascença. Os seus discípulos indagaram dele: — Mestre, quem pecou, este homem ou seus pais, para que nascesse cego? Jesus respondeu: — Nem este pecou, nem seus pais, mas é necessário que nele se manifestem as obras de Deus. Enquanto for dia, cumpre-me terminar as obras daquele que me enviou. Virá a noite, em que já ninguém pode trabalhar. Por isso, enquanto estou no mundo, sou a luz do mundo. Dito isso, cuspiu no chão, fez um pouco de lodo com a saliva e com o lodo ungiu os olhos do cego. Depois lhe disse: — Vai, lava-te na piscina de Siloé (que significa Emissário). O cego foi, lavou-se e voltou com vista."

Como dizia, com esse fato inicia-se a experiência com a cegueira. No decorrer desta experiência, mostrar-se-á o que acontece com a irrefutabilidade de uma verdade límpida.

(...)[8]

Exercício 4

Construa duas frases utilizando o par ESTE / AQUELE em função anafórica.

Exercício 5

Construa uma frase utilizando ESTE / ESSE / AQUELE em função díctica.

---

[8] PIEPER, Josef. *A experiência com a cegueira*. Trad. Luiz Jean Lauand [com adaptações]. Disponível em: <http://www.hottopos.com.br/videtur12/cegueira.htm>.

Exercício 6

Redija um e-mail, tratando de um assunto do seu departamento, para um funcionário de outro departamento. Lembre-se de usar os pronomes adequadamente.

Exercício 7

Corrija o trecho a seguir:

Nesse momento, estou com esse papel pronto para começar a lhe dedicar algumas linhas. Isto me deixa meio encabulado, pois sei que esta sua postura de rejeitar tudo o que escrevo é pura bobagem e afetação. Essa opinião vem de seu ar superior; aquela, de sua insensibilidade. Por isto, acabo por aqui essas minhas palavras.

Outro elemento fundamental para garantir a coesão textual é a pontuação adequada. Isso implica a utilização dos recursos expressivos dos sinais de pontuação, incluindo travessão e ponto-e-vírgula, e não somente a vírgula e o ponto, como ocorre na maioria dos textos. Vejamos algumas regras de pontuação.

Vírgula

Usa-se a vírgula para separar termos independentes entre si, tanto no período quanto na oração. Se os termos mantiverem uma relação sintática de dependência, não se pode separá-los. Assim, constitui erro grave separar com vírgulas o sujeito do verbo, o verbo do seu complemento, o adjunto adnominal do substantivo. Devem ser separados por vírgula:

a) vocativos:

Colegas, é fundamental a sua presença na reunião da próxima quarta-feira.

b) apostos explicativos:

João, Marcos e Pedro, líderes de departamento, elaborarão as propostas.

c) adjuntos adverbiais deslocados:

> Receberemos, no guichê de atendimento da secretaria, os formulários preenchidos.

Obs.: Se o adjunto adverbial for curto ou prender-se estritamente a um termo do período, não se usará vírgula.

d) expressões e palavras correlativas, excusativas, explicativas etc., pois naturalmente vêm intercaladas:

> Aquele relatório, por exemplo, ficou excelente.
> Haverá expediente normal após a festa, isto é, ninguém está dispensado.

e) conjunções coordenativas, quando pospositivas (porém, contudo, pois, entretanto, portanto etc.):

> Os funcionários, portanto, serão beneficiados.

f) termos de uma mesma categoria gramatical:

> Encomendamos ao fornecedor papéis, canetas, lápis e borracha.

g) termos pleonásticos em destaque:

> Os livros, dei-os aos funcionários que se destacaram.

h) orações intercaladas e adverbiais deslocadas:

> O processo de seleção, quando realizado com perícia, não precisa ser refeito.

i) orações adjetivas explicativas:

> Os produtos entregues, que estão armazenados em condições precárias, precisam de um novo destino.

Atenção para o uso das vírgulas com as orações adjetivas. Uma simples distração pode provocar alteração de sentido. Observe:

Os funcionários deste departamento que se empenharam serão promovidos.

No caso acima, somente os funcionários que se empenharam serão promovidos. Entretanto, se a oração fosse separada por vírgulas, o sentido seria outro. Vejamos:

Os funcionários deste departamento, que se empenharam, serão promovidos.

Com a oração entre vírgulas, todos os funcionários serão promovidos.

j) quando houver zeugma, ou seja, a omissão de um termo já enunciado no período:

Ele leu os relatórios; ela, os projetos.

Vírgula antes do e

Emprega-se a vírgula antes do e em quatro situações:

a) as orações têm sujeitos diferentes:

Ele encontrou o pai, e a mãe já tinha saído.

b) a segunda oração é pleonástica em relação à primeira:

Disse, e repito!

c) o e constitui polissíndeto:

Ele raptou, e agrediu, e violentou, e matou.

d) o e tem valor não-aditivo:

Estudou muito, e foi reprovado.

Ponto-e-vírgula e dois-pontos

Não há regra que estabeleça, em alguns casos, a opção pelo ponto ou pelo ponto-e-vírgula. Essa decisão é estilística e, muitas vezes, tem a ver com a intenção da comunicação e com o público a quem se destina o texto. Contudo, deve-se utilizar dois-pontos para:

a) separar elementos que já apresentem vírgulas internamente:

Recomendamos, para o nosso café-da-manhã, várias frutas: laranja, que contém vitamina C; banana, que contém potássio; e maçã.

b) separar itens em uma enumeração:

As funções do departamento são, primordialmente:
- **planejar eventos;**
- **organizar palestras;**
- **promover campanhas; e**
- **realizar pesquisas de satisfação.**

Travessão e parênteses

Para separar elementos mais curtos, usa-se comumente a vírgula. Para elementos mais longos, ou para dar-lhes destaque, travessão e parênteses podem ser usados, observando-se sua adequação a cada caso.

Os travessões permitem que se faça uma "suspensão" no fluxo do texto, se introduza uma idéia e se retome o fluxo após o segundo travessão, sem perda ou dificuldade de compreensão do texto.

Os parênteses devem ser usados para introduzir um elemento que constitua uma explicação óbvia e, portanto, dispensável, ou para introduzir uma observação de caráter pessoal, que não se deseja manter no nível do discurso elaborado.

Observe:

O fenômeno da globalização — signo da nova ordem mundial — atinge todas as partes do ecúmeno (parte habitada do planeta).
Haverá concurso para a Advocacia-Geral da União (AGU).

No último exemplo, pode-se marcar a sigla acompanhando diretamente o nome a que se refere; nesse caso, basta usar um travessão.

Haverá concurso para a Advocacia-Geral da União — AGU.

Exercício 8

Pontue adequadamente os trechos a seguir:

a) Em primeiro lugar essa instituição viceja assaz nos países latinos e é quase desconhecida nos anglo-saxões porque naqueles perduraram por mais tempo hábitos feudais quer nas relações jurídicas quer nas econômicas. O feudalismo é um sistema de profunda desigualdade jurídica em que a lei a rigor só é aplicável ao servo e aos vassalos porém extremamente flexível para o barão e o suserano. Estes se governam por relações voluntarísticas aqueles por fórmulas impositivas. (Roberto Campos)

b) Não há grande necessidade de se dar um *jeito* pois que a lei raramente é inexeqüível nos casos em que é violada é possível configurar-se então a existência de dolo ou crime praticado por pequena minoria social. (Roberto Campos)

c) Resta saber se não há uma terceira explicação em termos de atitudes religiosas. No catolicismo rígido é o dogma e a regra moral intolerante. No protestantismo complacente é a doutrina e a moral utilitária. Há menos beleza e também menos angústia. (Roberto Campos)

d) É bem verdade que numa visão mais comprida da história e do tempo o catolicismo tem revelado surpreendente plasticidade para se adaptar à evolução dos povos e instituições. A curto prazo entretanto pode gerar intolerável tensão institucional que não fora a válvula de escape do *jeito* arriscaria perturbar o funcionamento da sociedade. (Roberto Campos)

Exercício 9

Pontue o trecho a seguir, extraído do Decreto nº 3.048, de 6 de maio de 1999.

CAPÍTULO ÚNICO
DOS ÓRGÃOS COLEGIADOS
Seção I
Do Conselho Nacional de Previdência Social

Art. 295. O Conselho Nacional de Previdência Social órgão superior de deliberação colegiada terá como membros
I– seis representantes do Governo Federal e
II– nove representantes da sociedade civil sendo
a) três representantes dos aposentados e pensionistas
b) três representantes dos trabalhadores em atividade e
c) três representantes dos empregadores

Exercício 10

Pontue o trecho a seguir, extraído do site da Ebape/FGV.

Para atendimento a essa missão a EBAPE entende ter como suas competências essenciais
— a busca contínua pela excelência acadêmica o engajamento permanente com o aprendizado e pesquisa de alto nível e a criação e disseminação de novos conhecimentos em sua área de atuação
— o encorajamento dentro de um espírito de unidade fidalguia e ética profissional da diversidade de idéias e posições em seu quadro acadêmico e corpo discente
— a ênfase na interação com organizações públicas privadas e sem fins lucrativos de modo a estar atenta aos anseios do país e à prática administrativa vigente

---

Continua

> — a propagação de espírito empreendedor a todos os seus professores funcionários e alunos
> — a parceria profícua com instituições acadêmicas reconhecidas como de alto nível de excelência estabelecidas tanto no país como no exterior
> — o desenvolvimento continuado de uma visão sistêmica das Ciências da Administração evitando o culto à fragmentação e instigando cada vez mais a interdisciplinaridade em todas as suas atividades acadêmicas

Exercício 11

Utilizando os travessões, entre outros sinais de pontuação, torne a frase a seguir mais clara e fluente.

As conseqüências sociológicas dessa díspar atitude de um lado a tradição interpretável do outro o preceito incontroverso são profundas. (Roberto Campos)

Exercício 12

Os itens a seguir foram retirados de concursos públicos, todos elaborados pelo autor deste livro.

1. "Ou o Brasil decide tornar a educação uma prioridade real, e não apenas retórica, ou a falta de educação continuará causando grandes danos ao Brasil."
   Assinale a alternativa em que a alteração de pontuação do trecho acima NÃO constitui erro.
   a) Ou o Brasil decide tornar a educação uma prioridade real — e não apenas retórica —, ou a falta de educação continuará causando grandes danos ao Brasil.
   b) Ou o Brasil decide tornar a educação uma prioridade real, e não apenas retórica — ou a falta, de educação, continuará causando grandes danos ao Brasil.
   c) Ou o Brasil decide tornar a educação, uma prioridade real, e não apenas retórica ou a falta de educação continuará causando grandes danos ao Brasil.

d) Ou o Brasil decide tornar a educação uma prioridade real — e não apenas retórica, ou a falta de educação continuará causando grandes danos, ao Brasil.

e) Ou o Brasil decide tornar a educação, uma prioridade real — e não apenas retórica — ou a falta de educação continuará causando grandes danos ao Brasil.

2. "Contudo, em todas as declarações percebo a presença de duas palavras, ética e transparência, esgarçadas nos seus significados e utilizadas como alegorias para atrair solidariedade."
Assinale a alternativa em que haja pontuação igualmente possível para o trecho acima.

a) Contudo — em todas as declarações — percebo a presença de duas palavras, ética e transparência; esgarçadas nos seus significados e utilizadas como alegorias — para atrair solidariedade.

b) Contudo, em todas as declarações percebo, a presença de duas palavras, ética e transparência esgarçadas nos seus significados e utilizadas como alegorias, para atrair solidariedade.

c) Contudo, em todas as declarações, percebo a presença de duas palavras — ética e transparência, esgarçadas nos seus significados, e utilizadas, como alegorias, para atrair solidariedade.

d) Contudo em todas as declarações, percebo a presença de duas palavras, ética e transparência, esgarçadas nos seus significados, e utilizadas como alegorias para atrair solidariedade.

e) Contudo, em todas as declarações, percebo a presença de duas palavras — ética e transparência —, esgarçadas nos seus significados e utilizadas como alegorias para atrair solidariedade.

3. "Sabe-se, por exemplo, que o brasileiro adquire em média 2,5 livros por ano, aí incluídos os didáticos, enquanto o francês compra mais de sete livros por ano."
Assinale a alternativa em que, alterando-se a pontuação do período acima, NÃO se cometeu erro.

a) Sabe-se, por exemplo, que o brasileiro, adquire em média 2,5 livros por ano, aí incluídos os didáticos, enquanto o francês, compra mais de sete livros por ano.
b) Sabe-se, por exemplo, que o brasileiro adquire em média 2,5 livros por ano — aí incluídos os didáticos –, enquanto o francês compra mais de sete livros por ano.
c) Sabe-se, por exemplo, que o brasileiro adquire em média, 2,5 livros por ano aí incluídos os didáticos, enquanto o francês compra mais de sete livros por ano.
d) Sabe-se, por exemplo, que o brasileiro, adquire em média 2,5 livros por ano — aí incluídos os didáticos — enquanto o francês compra mais de sete livros por ano.
e) Sabe-se, por exemplo, que o brasileiro adquire, em média 2,5 livros por ano, aí incluídos os didáticos enquanto o francês compra mais de sete livros por ano.

4. "Wilson está entre os cientistas de vulto que clamam insistentemente pela atenção da humanidade para o perigo real e cada vez mais imediato para a sobrevivência de nós mesmos, que podemos ser arrastados num paroxismo de autodestruição, levando conosco as formas mais complexas de vida."
Assinale a alternativa que apresente pontuação igualmente correta para o trecho acima.
a) Wilson está entre os cientistas de vulto que clamam insistentemente pela atenção da humanidade para o perigo real — e cada vez mais imediato — para a sobrevivência de nós mesmos: que podemos ser arrastados num paroxismo de autodestruição, levando conosco as formas mais complexas de vida.
b) Wilson está entre os cientistas de vulto, que clamam insistentemente, pela atenção da humanidade para o perigo real e cada vez mais imediato para a sobrevivência de nós mesmos, que podemos ser arrastados num paroxismo de autodestruição, levando conosco as formas mais complexas de vida.

c) Wilson está entre os cientistas de vulto que clamam, insistentemente, pela atenção da humanidade para o perigo real e cada vez mais imediato para a sobrevivência de nós mesmos, que podemos ser arrastados num paroxismo de autodestruição, levando conosco, as formas mais complexas de vida.

d) Wilson está, entre os cientistas de vulto, que clamam insistentemente pela atenção da humanidade para o perigo real, e cada vez mais imediato, para a sobrevivência de nós mesmos, que podemos ser arrastados, num paroxismo de autodestruição, levando conosco as formas mais complexas de vida.

e) Wilson está entre os cientistas de vulto, que clamam insistentemente pela atenção da humanidade para o perigo real, e cada vez mais imediato para a sobrevivência de nós mesmos — que podemos ser arrastados num paroxismo de autodestruição, levando conosco as formas mais complexas de vida.

5. "Macacos, papagaios, abelhas e outros seres vivos possuem linguagens mais ou menos sofisticadas e entre eles e todos, em graus também diversos, a linguagem tem uma função fundamental no que diz respeito às suas formas de vida em sociedade."
Assinale a alternativa em que, alterando-se a pontuação do trecho acima, NÃO se cometeu erro.

a) Macacos, papagaios, abelhas, e outros seres vivos possuem linguagens, mais ou menos sofisticadas, e entre eles e todos, em graus também diversos, a linguagem tem uma função, fundamental no que diz respeito às suas formas de vida em sociedade.

b) Macacos, papagaios, abelhas, e outros seres vivos, possuem linguagens mais ou menos sofisticadas, e, entre eles e todos, em graus também diversos, a linguagem tem uma função fundamental no que diz respeito às suas formas de vida em sociedade.

c) Macacos, papagaios, abelhas e outros seres vivos possuem linguagens, mais ou menos sofisticadas e entre eles, e todos, em graus também diversos, a linguagem tem uma função fundamental, no que diz respeito às suas formas de vida em sociedade.

d) Macacos, papagaios, abelhas e outros seres vivos, possuem linguagens mais ou menos sofisticadas e, entre eles e todos, em graus também diversos, a linguagem tem uma função fundamental no que diz respeito às suas formas de vida em sociedade.

e) Macacos, papagaios, abelhas e outros seres vivos possuem linguagens mais ou menos sofisticadas, e, entre eles e todos, em graus também diversos, a linguagem tem uma função fundamental no que diz respeito às suas formas de vida em sociedade.

Além da pontuação e do uso correto dos pronomes com valor coesivo, é essencial que se atente para o uso dos demais elementos de ligação entre orações e períodos, assim como para a riqueza e a precisão vocabulares que se podem obter se bem usados.

Para que as idéias se expressem com clareza, coerência e coesão, é fundamental que os elementos que fazem a ligação entre as idéias sejam adequados ao que se pretende dizer. Muitas vezes vêem-se frases iniciadas com *entretanto* que não apontam para uma idéia contrária à frase ou ao parágrafo anterior.

Observe atentamente o quadro dos principais conectivos a seguir:

Idéia	Conectivos
ADIÇÃO	e, nem, não só... mas também...
ALTERNÂNCIA	ou, nem... nem, quer... quer, seja... seja, ou... ou, ora... ora...
CAUSA	como, visto, visto que, porque, pois, porquanto, por causa de, devido a, em vista de, em razão de, já que, uma vez que, dado que...
COMPARAÇÃO	como, como se, assim como, tal como, qual...
CONCLUSÃO	logo, portanto, então, assim, pois...
CONDIÇÃO	se, caso, salvo, a não ser que, a menos que, exceto, contanto que...

Continua

Idéia	Conectivos
CONFORMIDADE	conforme, consoante, segundo, como, de acordo com, em conformidade com...
CONSEQÜÊNCIA	tão, tal, tamanho, de modo que, de forma que, de sorte que, de maneira que, tanto que, por conseguinte...
FINALIDADE	para, para que, a fim de que, a fim de, com o propósito de, com a intenção de, com o intuito de...
OPOSIÇÃO (modo adversativo)	mas, porém, contudo, entretanto, no entanto, todavia...
OPOSIÇÃO (modo concessivo)	embora, conquanto, não obstante, apesar de, a despeito de, malgrado, se bem que, mesmo que, ainda que, em que pese a, posto que, por mais que, por muito que...
PROPORÇÃO	à medida que, à proporção que, ao passo que...
TEMPO	quando, enquanto, mal, logo que, antes que, assim que, desde que, cada vez que, sempre que...

Exercício 13

Reúna as frases a seguir com o conectivo adequado.

a) Os documentos estão liberados para consulta. Não podem ainda ser emprestados.
b) Está chovendo muito. Vamos ficar em casa.
c) Os passageiros olhavam atentamente a paisagem. O ônibus passava pela Rota do Sol.
d) Não desejo falar-lhe agora. Estou com pressa.
e) Os rapazes da turma A estavam se preparando para sair mais cedo. O diretor apareceu para lhes fazer um comunicado.

Exercício 14

Os itens a seguir foram retirados de concursos públicos, todos elaborados pelo autor deste livro.

1. "Mas não encontrou, as gavetas das moças estavam fechadas."
Mantendo o sentido expresso pelo período, entre as duas orações podem-se inserir as seguintes conjunções ou locuções conjuntivas, COM A EXCEÇÃO DE:
a) pois
b) uma vez que
c) não obstante
d) porque
e) porquanto

2. "*Mesmo* distante de sua origem, a palavra ética continua com um forte apelo na mídia e certamente alcança a simpatia dos que idealizam o estudo e a apuração das graves denúncias anunciadas."
Assinale a alternativa em que o termo NÃO poderia substituir a palavra grifada no trecho acima, sob pena de alteração de sentido.
a) apesar de
b) não obstante
c) conquanto
d) ainda que
e) porquanto

Exercício 15

Utilizando pelo menos 10 conectivos, redija um pequeno texto, utilizando entre 15 e 20 linhas, a respeito das ações afirmativas e do sistema de cotas como forma de acesso ao ensino superior.

8
Modalidade do discurso e metadiscurso

O discurso

Para melhor se entender este capítulo, vale relembrar as funções sociais da linguagem, estudadas anteriormente.

Função ideacional:

- conhecimentos e crenças

Função interpessoal:

- interação durante o ato comunicativo

Função textual:

- organização das idéias no texto

Leia com atenção o texto a seguir, que possibilita um ótimo debate.

Sociedade, democracia e linguagem

Com as grandes mudanças em todas as atividades do homem que o Renascimento foi imprimindo à geografia do mundo então conhecido, desenvolveu-se, consolidando-se, o mito do bom selvagem que o Iluminismo no século XVIII, através de Jean-Jacques Rousseau, viria depois consagrar. A idéia de que o homem nasce naturalmente bom e que é a sociedade que o corrompe permitiu a construção de todo um ideário de combate à

Continua

injustiça e à desigualdade sociais que até hoje alimenta o imaginário político-ideológico do mundo ocidental.

Um bom exercício de humor filosófico seria o de inverter os sinais desse ideário romântico e dizer que o homem nasce naturalmente mau e que cabe à sociedade ou perdê-lo de uma vez, confirmando seus instintos, ou redimi-lo do mal congênito pela ação prática, organizada e sistemática do aprimoramento das instituições sobre as quais se assentam as garantias de sua liberdade e dos plenos direitos e obrigações do indivíduo em sociedade.

Já se disse que o homem tem duas características que o diferem das demais espécies animais: a linguagem e viver em sociedade.

Entretanto, postas assim, essas duas características, na verdade, ele as compartilha com outras espécies, o que faz com que seja muito mais a forma que ambas tomam no ser humano, por predicados, é claro, que lhe são próprios, do que pelo fato de possuí-las.

Macacos, papagaios, abelhas e outros seres vivos possuem linguagens mais ou menos sofisticadas e entre eles e todos, em graus também diversos, a linguagem tem uma função fundamental no que diz respeito às suas formas de vida em sociedade. São, em geral, seres sociais, cuja existência se organiza, necessariamente, em sociedade.

Isso leva a pensar que linguagem e sociedade têm uma relação muito mais que ocasional e fortuita. Ao contrário, ao que tudo indica, onde há uma, há outra, de modo que a relação entre elas é de absoluta necessidade, sendo uma também condição suficiente da outra. Quer dizer, há entre elas uma dupla implicação. E é essa complicação que faz com que para muitas teorias lingüísticas seja a comunicação a principal função da linguagem.

No caso do homem, a função simbólica da linguagem chega, pelas características de sua mente, a níveis de abstração tão elevados que foi possível conhecer sistemas inteiros de representação em que a referência dos símbolos que os integram são eles próprios símbolos de outros símbolos e, assim, infinitamente, em encaixes chineses, cuja estética é garantida pela consistência lógica de sua arquitetura.

Já a própria função semântica da linguagem, isto é, sua função referencial, é reveladora desse complexo mecanismo de abstração. De fato,

Continua

a linguagem humana tem sua antologia, se se puder dizer assim, na negação de si própria, num belo paradoxo da afirmação de sua plenitude. O momento pleno da realização de sua função comunicativa é aquele em que ela se realiza pelo que não é, pela referência ao que não está nela, está fora dela, estranho à sua própria natureza física e, no entanto, integrando-a, sem motivação material, mas completando-a pela forma da substância que adquire o seu significado e o sentido das relações que estabelece entre os interlocutores, seus usuários.

Sendo, pois, de natureza eminentemente simbólica, o jogo de representações acionado pela atividade lingüística põe a linguagem na cena de um espetáculo maior e mais complexo: o da história, da cultura e das máscaras sociais que, embora coladas ao nosso rosto, nem sempre sabemos o que significam e nem por que as portamos.

(...)

À capacidade simbólica do ser humano junta-se a sua capacidade para viver em sociedade, criando, assim, as condições para as diversas apresentações de suas representações no mundo.

Aqui também uma diferença importante é preciso anotar relativamente a outras espécies animais que vivem em sociedade.

Como está dito, essas espécies vivem em sociedade, tal como o homem, mas este, além do mais, precisa da sociedade para viver.

É essa necessidade que torna tão próximas a linguagem e as formas de organização social que o homem constrói para viver.

A democracia é também a construção de uma forma dessa necessidade. É um bem, um fim e um objetivo a ser buscado e preservado pelo aperfeiçoamento constante da capacidade simbólica de representação das instituições com que ela, cultural, política e socialmente se apresenta e nela nos apresenta ao longo da história.

A eficácia política, social e civil das democracias depende de muitos fatores e de condições históricas específicas para o seu bom desempenho. Há, contudo, um fator que funciona como uma regra constitutiva para a possibilidade de seu êxito: que os homens e as sociedades que elas organizam tenham entendimento pleno de suas formas de organização e que,

Continua

> desse modo, possam avaliar e contribuir criticamente, de modo sistemático, para o aprimoramento de sua capacidade de representação simbólica e de satisfação real de seus sonhos e necessidades.
>
> Carlos Vogt
> ComCiência 67, jul. 2005

Na modalidade do discurso, podem-se apontar recursos que o enunciador utiliza para estabelecer suas intenções na construção da fala que representa seu pensamento e posicionamento. Dessa forma, os discursos podem instituir recursos no plano interpessoal que não deixam igualmente de representar visões de mundo.[9]

Valores de modalidade

A modalidade pode trazer um grau alto, médio ou baixo de julgamento.
Grau alto: "certamente", "sempre"...
Grau médio: "provável", "usualmente"...
Grau baixo: "possível", "às vezes"...

O metadiscurso

A função interpessoal também ocorre por meio do metadiscurso, que consiste em "comentários" do locutor que permeiam seu discurso.

Índices do metadiscurso

Marcadores ilocucionais: "afirmo", "prometo", "discuto", "por exemplo"...
Narradores: "O diretor informou que..."

---

[9] Neste capítulo não se pretende aprofundar a terminologia técnica da análise do discurso, somente apresentar ao estudante elementos básicos para a percepção do discurso como carregado de sentidos nem sempre aparentes.

Salientadores: "mais necessário", "mais importante"...
Enfatizadores: "sem dúvida", "é óbvio", "é lógico"...
Marcadores de validade ou modalizadores: "pode", "deve", "talvez"...
Marcadores de atitude ou avaliadores: "infelizmente", "é incrível que", "curiosamente"...
Comentadores: "talvez você queira...", "meus amigos" e todas as formas de vocativo, "vocês poderão"...

Exercício 1

Utilizando todos os índices do metadiscurso, redija um pequeno texto apresentando aos seus colegas uma proposta para a festa de encerramento do semestre letivo. Em seu texto, marque os índices, classificando-os.

Exercício 2

Leia o texto a seguir — uma sentença judicial que determina a transferência de Fernandinho Beira-Mar de presídio em São Paulo — e identifique índices do metadiscurso.

> Decisão. Execução penal.
> Transferência de presos entre estados
> da Federação (São Paulo e Rio de Janeiro).
> Medida de natureza jurisdicional, sendo
> necessária prévia autorização do juízo
> correicional do estabelecimento prisional
> para o qual se pretende remover o sentenciado.
> Art. 66, inciso V, letra "h",
> c/c art. 86, §1º, ambos da Lei nº 7.210/84.
> Insuficiência do mero entendimento firmado
> entre as administrações penitenciárias
> estaduais. Jurisdicionalização da Execução
> Penal. Ilegalidade da transferência.

JUÍZO DA VARA DAS EXECUÇÕES CRIMINAIS E CORREGEDORIA DOS PRESÍDIOS
COMARCA DE SÃO PAULO - SP

VISTOS.

Luiz Fernando da Costa, atualmente recolhido no Centro de Readaptação da Penitenciária de Presidente Bernardes, requer sua transferência para estabelecimento penal do Estado do Rio de Janeiro, alegando que sua remoção para o Estado de São Paulo deu-se de forma irregular, uma vez que a autoridade que a determinou não possui competência para fazê-lo, além de acarretar outro problema, pois o requerente tem em andamento mais de uma dezena de processos no Rio de Janeiro, o que torna extremamente dispendioso aos cofres públicos seu deslocamento para estar presente às audiências. Alega, ainda, que possui três condenações no Estado do Rio de Janeiro e uma outra no Estado de Minas Gerais, não havendo por que estar custodiado em São Paulo, onde não responde a nenhum processo. Alega, também, que sua inclusão do Regime Disciplinar Diferenciado afronta totalmente a Resolução SAP-026, nos seus arts. 1º e 2º, não tendo sido submetido ao necessário processo disciplinar. Foram afrontados, ainda, segundo ele, os arts. 8º da referida resolução, 38 do Código Penal, 41 da Lei de Execução Penal, assim como o art. 5º, *caput*, da Constituição Federal, quando afirma que *"todos são iguais perante a lei"*. Por fim, aduz a impossibilidade de visita dos seus familiares, bem como que não é o todo poderoso que manipula o "comando vermelho" no Rio de Janeiro, conforme propagaram autoridades cariocas por toda a mídia escrita e falada, pois, mesmo após sua transferência, os problemas nesse Estado continuaram e, somente após medidas enérgicas e mudanças na estratégia da própria segurança pública, é que os ataques diminuíram e a cidade voltou ao controle da força policial. Com o pedido, vieram os documentos acostados a fls. 11/19.

Em seguida, foram os autos ao Ministério Público, que, por meio de vários de seus membros, efetuou os requerimentos que constam de fls. 23/26. Às fls. 27 e 35 determinou este Juízo diligências pela Serventia, as quais foram cumpridas, consoante as informações constantes de fls. 28 e 36. Juntou-se Folha de Antecedentes deste Estado a fls. 29/34.

Continua

Pelo despacho de fls. 37/v°, considerou este magistrado atendidos três dos requerimentos efetuados pelos membros do Ministério Público, quais sejam, no que tange à ausência de consulta deste Juízo quando da remoção do requerente para São Paulo, quanto à inexistência de estabelecimento penal construído pela União e, ainda, no tocante à existência, no Rio de Janeiro, de presídio de segurança máxima. O quarto requerimento, concernente à expedição de ofício para a Vara de Execuções Criminais de Minas Gerais, indagando sobre a existência de presídio próprio para abrigar o requerente, foi indeferido, uma vez que o objeto do presente pedido é a remoção para o Estado do Rio de Janeiro. Ainda pelo mesmo despacho, determinou-se o retorno dos autos ao Ministério Público, a fim de que este viesse a se manifestar sobre o mérito da pretensão. Na seqüência, houve a manifestação de fls. 39/40 e os autos vieram conclusos para decisão.

É o relatório.

DECIDO:

Cuida-se no presente apenso de solicitação de transferência de Luiz Fernando da Costa, vulgo "Fernando Beira-Mar", do Centro de Readaptação da Penitenciária de Presidentes Bernardes, deste Estado de São Paulo, para estabelecimento prisional do Estado do Rio de Janeiro, de onde fora removido para aquela unidade do sistema prisional paulista, após encontrar-se custodiado no estabelecimento penal carioca conhecido por "Bangu I".

Preliminarmente, no que tange ao requerimento do Ministério Público, reiterado a fls. 39 (item nº 1, em parte), ou seja, se a transferência do requerente para este Estado foi a título permanente ou transitório, entendo desnecessária a medida, pelos motivos que passo a expor a seguir.

De início impõe-se ressaltar que o processo de execução penal tem natureza jurisdicional, de maneira que, quando se determinou a remoção do requerente para presídio sob a jurisdição deste juízo, não se obedeceu a tal característica.

(...)

Em suma, não pode autoridade administrativa, quer da União, quer de outro Estado-membro, autorizar a inclusão de preso de outra unidade federativa em presídio de nosso Estado, e, muito menos ainda, em Regime

Continua

Disciplinar Diferenciado (RDD), como aqui ocorreu. E mais: sequer este Juízo recebeu comunicação formal a respeito.

Houve, assim, com a invasão de competência do Poder Judiciário, verdadeira ofensa à tripartição das funções do Estado, quando se determinou a transferência para presídio sob a nossa jurisdição, sem que para isso este Juízo tenha emitido a necessária autorização por meio do procedimento previsto em lei.

Portanto, se houve ilegalidade na transferência do requerente Luiz Fernando da Costa para São Paulo, é lógico que não há nenhum interesse em se saber se a remoção foi a título permanente ou transitório, pois qualquer que tenha sido a natureza da remoção, perdura a irregularidade. Por conseguinte, com todo o respeito que este magistrado nutre pelos dignos promotores de Justiça que atuam junto a esta Vara de Execuções Criminais e Corregedoria de Presídios, não há como se deferir a medida pleiteada, em face da sua desnecessidade, de maneira que fica ela indeferida.

(...)

Superada a matéria preliminar, passo a examinar o mérito do pedido de transferência, fazendo observar que está satisfeita a exigência legal com a abertura de vista ao Ministério Público.

No que tange, portanto, ao mérito, é entendimento deste magistrado que o pedido deve ser atendido, uma vez que, além da ilegalidade na remoção do requerente para o Estado de São Paulo, outras razões existem que têm o condão de dar guarida à sua pretensão de retornar ao Estado do Rio de Janeiro, como a seguir passo a expor.

Possui o sentenciado condenações nos Estados do Rio de Janeiro e Minas Gerais, além de mandado de prisão a ser cumprido no Estado de Goiás, conforme registra sua Folha de Antecedentes emitida por este Juízo (fls. 29/34). Ademais disso, há notícias de que responde a outros processos criminais no Estado do Rio de Janeiro. No Estado de São Paulo, contudo, inexiste qualquer processo crime contra Luiz Fernando da Costa.

Evidentemente, tal fato, por si só, justifica a sua remoção de volta para o Rio de Janeiro, não sendo justo que, a cada ato processual a que deva o sentenciado estar presente no referido Estado, venham os cofres públicos a despender vultosas somas para a sua locomoção, além da questão atinente

Continua

à segurança dos funcionários dos presídios e dos policiais designados para a necessária escolta, bem como a dos demais cidadãos.

Ademais disso, os familiares do sentenciado residem no Estado do Rio de Janeiro, conforme demonstram documentos acostados aos autos, o que dificulta sobremaneira a visita a que tem direito, de acordo a nossa legislação penal. Há que ser ressaltado, ainda, que a pena deve ser executada onde o delito se consumou. Essas medidas facilitam a ressocialização do preso, conforme entendimento pacífico da doutrina e da jurisprudência, o que tem sido comprovado na prática, pois realmente a proximidade dos familiares tem proporcionado melhores condições para a reinserção social do detento.

Portanto, vínculo algum possuindo o sentenciado com o Estado de São Paulo, nada há que justifique aqui a sua permanência.

Aliás, reza a nossa lei que o preso conserva todos os direitos que não forem atingidos pela sentença ou pela lei. Deve-se, portanto, como assevera o desembargador CELSO LIMONGI, respeitar os direitos do preso, porque, um dia, ele volta à sociedade e espera-se que recuperado.

Por outro lado, deve-se considerar, ainda, que, em nosso Estado, ninguém ignora a existência de organização criminosa, que já ceifou, em tese, a vida de um juiz de execução penal, já ameaçou e ameaça vários outros juízes, promotores, policiais, servidores do sistema prisional e outros funcionários públicos, além de determinar até a execução de vários de seus componentes.

Para finalizar: se o preso é do Estado do Rio de Janeiro e se suas condenações e processos são, na sua maioria, desse Estado, não respondendo a nenhum aqui em São Paulo, deve ele evidentemente cumprir as suas penas naquele Estado, em face das razões retroapontadas, até porque, São Paulo já possui inúmeros problemas para resolver no âmbito da execução penal, não sendo justo que sejam trazidas para cá questões da mesma área atinentes a outras unidades da Federação. Além disso, o Presídio conhecido por "Bangu I" é considerado estabelecimento de segurança máxima, conforme se depreende da informação de fls. 36, assim como do item nº 3 do despacho de fls. 37/vº, consoante nos confirmou, por telefone, o próprio juiz da Vara das Execuções do Rio de Janeiro, possuindo agora referido estabelecimento penal, diante disso, condições para guarda e segurança do preso, com a impossibilidade de eventual fuga.

Continua

> Ainda uma última observação: o art. 86, §1º, da Lei de Execução Penal, faculta à União a construção de presídio em local distante da condenação, para recolhimento, em razão de decisão judicial, de condenados à pena superior a 15 anos, quando se justificar a medida no interesse da segurança pública ou do condenado. Ora, como já mencionado, é notória a inexistência da construção de tal estabelecimento pela União, de maneira que, diante disso, a responsabilidade pela execução da pena é questão atinente à unidade federativa onde o sentenciado sofreu a condenação. Mais uma razão, portanto, para atendimento da pretensão do requerente.
>
> Em face de todo o exposto, defiro o presente pedido do sentenciado Luiz Fernando da Costa, RG nº 09.372.216-3 (RJ), para determinar a sua remoção do Centro de Readaptação Penitenciária de Presidente Bernardes/SP, unidade prisional da Secretaria da Administração Penitenciária do Estado de São Paulo, para estabelecimento penal do Estado do Rio de Janeiro, expedindo-se ofício àquela Secretaria para as necessárias providências. P.R.I.C.
>
> São Paulo, 29 de agosto de 2003.
> **MIGUEL MARQUES E SILVA**
> Juiz de Direito corregedor

Exercício 3

Com base no texto que acabou de ler, construa, após debater com sua equipe, uma análise textual da sentença. Aponte aspectos positivos e negativos, observando as qualidades de uma boa comunicação.

Exercício 4

Ainda com base na sentença, comente como operam as funções sociais da linguagem.

Exercício 5

Assista ao documentário *Justiça*, de Maria Augusta Ramos, disponível em DVD, e observe se o discurso judiciário se realiza com eficácia e eficiência.

9
A argumentação

O mundo sempre girou em torno da argumentação. Por meio da palavra, fizeram-se alianças, viveu-se o amor, a paz, mas também a guerra e as dominações. Do âmbito familiar ao universo profissional, a capacidade de bem argumentar sempre se revelou uma grande arma na luta pelos objetivos desejados.

O processo argumentativo requer habilidade verbal muito precisa, além de capacidade engenhosa de lidar com as lógicas verbais. Vale lembrar que é possível argumentar falaciosamente, alcançando facilmente os objetivos estipulados; entretanto, tal postura se insere no campo da manipulação, da desonestidade, do pior conceito de "esperteza" que se pode apontar.

No campo profissional, a ética deve nortear os princípios das escolhas argumentativas; portanto, não há espaço para as falácias.

O que é argumentar?

- argumentar é expor e convencer;
- argumentar é persuadir;
- argumentar é defender pontos de vista;
- argumentar é...

Observe os aspectos do processo argumentativo:

- contextualizar/apresentar o tema;
- criar um contra-argumento para o "enquadramento" do leitor;
- expor argumentos e relações lógicas e críticas entre eles;
- até aqui a tese vai se delineando;
- conclusão: afirmação da tese.

O que é "enquadramento"?

Suponha que seu leitor seja um ativista pelos direitos humanos e que você deseje defender em seu texto a implantação da pena de morte. A melhor forma de começar seu texto é explicitar desde o início sua tese? Seria melhor já escrever como primeira frase: "A pena de morte revela-se como a única saída viável para o estado de violência em que se encontra o país"? Decerto que não, pois isso somente afastará os leitores que, convictos de seus posicionamentos acerca do tema, rejeitam tal proposição.

Assim sendo, o "enquadramento" funciona como uma delimitação e relativização das crenças de seu leitor para que se construa nele a disposição para ouvir/ler e, possivelmente, ser convencido.

O "enquadramento" funciona por meio de uma contra-argumentação inicial, tentando destituir de autoridade e valor o argumento mais forte contrário à sua tese. Se o argumento contrário à sua tese for irrefutável, incorpore-o ao seu discurso, relativizando-o. Ou seja, se é difícil argumentar a favor da lei do aborto quando seus opositores apontam o direito à vida, garantido pela Constituição, o melhor a fazer é admiti-lo, pois é irrefutável, abrindo, entretanto, uma ponderação que possa levar a uma interpretação aberta do problema.

Antes de tratar dos tipos de argumento propriamente ditos, vale lembrar casos em que a argumentação se dá pela via da falácia:

1. Argumento *ad hominem*: ataca-se o interlocutor, sem se discutir o assunto em questão. Exemplo:

   O que o colega está dizendo sobre as estratégias a serem adotadas na empresa não pode ter o menor fundamento, uma vez que ele não é um pai responsável.

2. Argumento *ad baculum*: quando não há argumentos, fazem-se ameaças. Exemplo:

> É melhor você votar a favor da nossa proposta, senão será demitido.

3. Argumento *ad terrorem*: apela-se para as conseqüências negativas que podem advir da não-aceitação da tese. Exemplo:

> Ou você aceita nossa condição ou será o fim da empresa.

4. Argumento *ad populum*: apela-se à emoção do interlocutor por meio de uma retórica que o desvia do foco do assunto. Exemplo:

> Você quer ser feliz? Então entre para o nosso clube de vantagens.

5. Argumento *ad verecundiam*: quando se apresenta como força da argumentação a referência ou a citação de autoridades no assunto ou pessoas respeitáveis, sem que de fato tenham a ver com o tema tratado. Utilizar-se de tais referências sem fundamento pode confundir o leitor/ouvinte, que acabará acreditando antes de realizar qualquer julgamento. Exemplo:

> Quando digo que tenho razão, penso em Aristóteles, que dizia: "É lícito afirmar que são prósperos os povos cuja legislação se deve aos filósofos."

6. Perguntas variadas: confunde-se o interlocutor com muitas perguntas vazias, retóricas, de modo a impossibilitar uma resposta. Exemplo:

> O que será do futuro das nossas criancinhas? O que ocorrerá com a empresa? Quando chegaremos plenamente a um mundo de paz?

Vejamos alguns tipos de argumento:

1. *Argumento de autoridade (ab auctoritate)*: quando se utiliza um pensador, estudioso ou teórico renomado como embasamento para a tese. Deve-se ter o cuidado de não transformar a argumentação em coerção, uma vez que nem sempre o estudioso está correto em seus posicionamentos.

2. *Argumento de causalidade:* estabelece-se uma relação de causalidade ou não para comprovar a tese. É um argumento pragmático, muito fácil de ser utilizado.
3. *Argumento de conseqüência:* estabelece-se uma relação de conseqüência entre a hipótese e o que dela pode advir. Não é um argumento muito comum, pois nem sempre se consegue comprová-lo.
4. *Argumento por exclusão (per exclusionem):* a partir da proposição de várias hipóteses, procede-se à eliminação de uma de cada vez.
5. *Argumento pelo absurdo (ab absurdo):* consiste em refutar um posicionamento ou idéia apresentando sua impropriedade ou falta de cabimento.

Exercício 1

Utilizando argumentos de autoridade, construa um texto de aproximadamente 15 linhas defendendo a adoção de menores por casais de relação homoafetiva.

Exercício 2

Utilizando argumentos por exclusão, redija um parágrafo de no máximo sete linhas tentando mostrar por que seria mais adequado comprar com o fornecedor A, e não com o fornecedor B.

Exercício 3

Desconstrua, por meio da argumentação pelo absurdo, o seguinte pensamento: "O povo não vai a museus porque não gosta."

Exercício 4

Leia com atenção o trecho do artigo "Uniões homoafetivas — a busca pelo reconhecimento social e jurídico", de Laila Menezes, advogada do Rio de Janeiro especializada em direito homoafetivo. Em seguida, analise como se deu o processo argumentativo.

A ADOÇÃO POR CASAL HOMOAFETIVO[10]

Quanto à abordagem de tema tão delicado, cabem breves considerações com posicionamento a respeito desta temática.

A adoção é, na sua essência, um ato de amor.

Os pais homossexuais se deparam com inúmeros problemas, como a homofobia e a ausência de igualdade de direitos perante a lei, além das preocupações legais, financeiras e emocionais que um processo de adoção acarreta.

Todavia, no Estado do Rio de Janeiro, tal questão tem sido tratada com toda isenção e respeito que o caso merece, sempre buscando o melhor para a criança e o adolescente.

Em 1997, o Desembargador Siro Darlan, à época Juiz da 1ª Vara de Infância e Juventude do Rio de Janeiro, foi pioneiro ao deferir a primeira adoção para homossexual em nosso Estado, entendendo que não pode haver preconceito no momento de garantir a uma criança abandonada o direito a uma segunda família.

Em 1998, a 9ª Câmara Cível do Tribunal de Justiça do Rio de Janeiro decidiu no Processo 1998.001.14332 que "a afirmação de homossexualidade do adotante, preferência individual constitucionalmente garantida, não pode servir de empecilho à adoção de menor, se não demonstrada ou provada qualquer manifestação ofensiva ao decoro e capaz de deformar o caráter do adotado".

Assim, observamos um grande avanço nas decisões de nossa Justiça, que tem na 1ª Vara de Infância e Juventude do Rio de Janeiro, uma referência nacional ao caso.

Cabe esclarecer que, por determinação da lei, uma criança só pode ser adotada por entidade familiar, isto é, a comunidade advinda da união entre homem e mulher por meio de casamento ou de união estável. O Novo Código Civil é expresso no art. 1.622 ao aduzir que ninguém pode ser

Continua

---

[10] Extraído de <http://www.ibdfam.com.br/public/artigos.aspx?codigo=206>. Acesso em: 5 fev. 2006.

adotado por duas pessoas, salvo se forem marido e mulher ou se viverem em união estável.

Assim, a lei não reconhece o casal homossexual como entidade familiar, haja vista não reconhecer o casamento entre pessoas do mesmo sexo. Portanto, em tese, a adoção só poderá ser concedida a um dos companheiros e não aos dois concomitantemente.

A concessão da adoção ao homossexual já é pacífica, o grande impasse está em ser permitida para casais homossexuais. Aqui, me parece haver uma grande incoerência de nossa legislação, já que no papel constará apenas o nome de um adotante, mas na prática o adotado será criado por duas pessoas. Isto gera vários prejuízos para o próprio adotado, pois a criança só entrará na linha sucessória daquele que a adotou oficialmente, só podendo buscar eventuais direitos, alimentos e benefícios previdenciários com relação ao adotante, não podendo pleitear pensão alimentícia, nem visitação do outro, no caso de separação do casal.

Entendo que uma união homossexual masculina ou feminina, com um lar respeitável e duradouro, alicerçada na lealdade, fidelidade, assistência recíproca, respeito mútuo, com comunhão de vida e de interesses está mais do que apta a oferecer um ambiente familiar adequado à educação da criança ou do adolescente.

A concessão da adoção a homossexuais ajuda a minimizar o drama de menores, que podem ser educados com toda a assistência material, moral e intelectual, recebendo amor, para no futuro se tornarem adultos dignos, evitando serem relegadas ao abandono e à marginalidade. Além disso, os homossexuais, exatamente por sofrerem com a discriminação, não escolhem o adotado por suas características físicas, mas sim pela relação de afeto desenvolvida, contrariando a corriqueira escolha de apenas meninas brancas, loiras, de olhos azuis, com até 3 meses de vida.

Numa decisão recente, há apenas alguns meses, em consonância a este entendimento, foi concedida a habilitação de adoção de uma menina a um casal homossexual masculino de cabeleireiros. Tal decisão foi proferida pelo Dr. Júlio César Spoladore Domingos, Juiz da Vara de Infância e Juventude de Catanduva, São Paulo, que determinou a habilitação de ado-

Continua

ção em pedido feito pelos dois em 28 de dezembro de 2004. O Promotor de Justiça de Catanduva, Dr. Antônio Bandeira Neto se manifestou a favor da adoção, sustentando que a decisão da Justiça foi baseada na Resolução nº 01/99 do Conselho Federal de Psicologia, segundo a qual "a homossexualidade não constitui doença, distúrbio nem perversão" e, por isso, não pode impedir a adoção.

Esta acertada decisão de nossa justiça vem corroborar o posicionamento de que toda pessoa é livre para fazer a sua opção sexual, o que não significa que ao contrariar a opção da maioria, estaria se tornando incapaz de dar todo o carinho, amor e um lar para uma criança.

A condição da homossexualidade é fato que não deve ser omitido perante o Juizado de Infância e Juventude, já que certamente será averiguado pela equipe interprofissional, composta de assistentes sociais e psicólogos, que farão rigoroso estudo sociopsicológico do caso, dando uma análise detalhada do comportamento do adotante ou adotantes homossexuais. Embora a decisão seja do Juiz, estes pareceres técnicos são decisivos, pois é neles que o Magistrado e o Promotor de Justiça se baseiam para avaliar o caso. A orientação sexual do adotante não passa despercebida, mas o grande enfoque é o fato dele ter uma estrutura emocional adequada, revelando uma forma sadia de lidar com sua orientação sexual. O foco é a relação de afeto que poderá ser proporcionada à criança, ou seja, o seu bem-estar.

O único fato que poderia ensejar no indeferimento da adoção seria o comportamento desajustado do homossexual, mas jamais a sua opção sexual, ou seja, a sua homossexualidade.

A condição financeira definida é um fator que pode vir a influenciar a concessão da adoção. Todavia, mais do que se ter condição financeira é de extrema importância, a segurança financeira, com uma profissão remunerada para propiciar ao adotado a garantia de que suas necessidades básicas poderão ser supridas. Mas, não é só o aspecto financeiro que é relevante, o equilíbrio emocional da relação também é de suma importância. Todos os aspectos da vida e do lar do adotante serão considerados, para que o menor possa ter os seus direitos e interesses resguardados.

Continua

Há aqueles que rebatem veementemente a adoção por homossexual, sustentando teses como: "A ausência de uma figura masculina e uma feminina bem definidas tornaria confusa a identidade sexual da criança, correndo o risco do menor vir a tornar-se homossexual" ou "Grandes são as possibilidades da criança ser alvo de repúdio na escola ou vítima de escárnio por parte dos colegas e vizinhos, o que poderia acarretar graves perturbações de ordem psíquica".

Sustento serem totalmente infundados tais argumentos. Inúmeros são os casos de famílias heterossexuais, ditas como "normais", que têm filhos que desde pequenos dão indícios de uma homossexualidade latente e têm dentro de seus lares a figura tanto do homem como da mulher muito bem definidas. Além do mais, o repúdio social destas crianças é uma questão de discriminação. A Carta Magna veda qualquer tipo de discriminação, não sendo aceitas, nem permitidas tais atitudes no nosso meio social. Da mesma forma que filhos de negros, de índios e de pais divorciados, os filhos de pais homossexuais estão sujeitos aos dissabores do preconceito, cabendo a nossa própria sociedade repudiar tal atitude, revendo os seus conceitos, na busca de uma sociedade mais justa, digna e igualitária.

O Direito deve sempre acompanhar a Sociedade, regulando as relações jurídicas dela decorrentes. A união homossexual é um fato irrefutável em nossa sociedade e em assim sendo, não mais é possível tal omissão em nosso ordenamento jurídico.

Essencial é a luta contra a estagnação de certos tabus e conceitos repletos de conservadorismo, ou seja, grande deve ser o empenho de todos, principalmente por parte dos Operadores do Direito, contra esta postura preconceituosa e discriminatória.

Não se trata de um simples levante da bandeira colorida dos gays, mas sim de se buscar o reconhecimento e respeito a todos os direitos constitucionais do cidadão, cumpridor de seus deveres e obrigações, independentemente de sua opção sexual. Afinal, todos, sem exceção, têm que estar sob o manto protetivo da justiça.

Continua

> Primordial é o reconhecimento das relações homoafetivas, com defesa de direitos à meação, à herança, ao usufruto, à habitação, a alimentos, a benefícios previdenciários, entre tantos outros.
>
> Nesse sentido, o Direito Homoafetivo vem numa crescente e pioneira missão, através da jurisprudência, reconhecendo e regulando tais relações. A justiça deve pautar na coragem e total independência, sua atuação no que tange às uniões homoafetivas.
>
> Os mesmos direitos deferidos às relações heterossexuais devem ser garantidos às relações homossexuais, se for verificada a presença dos requisitos de vida em comum, coabitação, constituição de patrimônio a dois, laços afetivos, fidelidade e divisão de despesas.

Cuidados com o discurso

Ao se construir o texto argumentativo, deve-se ter cuidado com os índices do metadiscurso que são apropriados à estratégia argumentativa. Por exemplo, abusar dos marcadores de atitude pode levar a discussão das idéias para o campo do "impressionismo".

Para não invalidar sua argumentação, é fundamental ter cuidado na escolha dos argumentos. Argumentos falaciosos inviabilizam toda a estratégia de persuasão.

No processo da argumentação, as posições ideológicas não podem constituir argumentos de autoridade, pois sua validade só é reconhecida pelo locutor, mas não obrigatoriamente pelos receptores. Isso é semelhante à falácia do raciocínio circular.

Por exemplo: muitas pessoas condenariam a legalização do aborto argumentando "que só Deus tem o direito de tirar a vida de alguém". Tal argumento se torna falacioso por não respeitar a possível condição de cético de uma parte dos leitores.

Exercício 5

Com base no texto do exercício 4, aponte cinco argumentos que refutariam a tese da advogada.

Exercício 6

Liste cinco argumentos que poderiam ser utilizados num texto não falacioso a respeito da defesa da não-extinção do concurso vestibular como forma de acesso ao ensino superior.

Exercício 7

Liste cinco argumentos que poderiam ser utilizados num texto não falacioso a respeito da defesa da extensão de benefícios empregatícios a companheiros de funcionários homossexuais.

Exercício 8

Escolha um dos temas relacionados nos exercícios 5, 6 ou 7 e elabore um texto argumentativo com aproximadamente 30 linhas utilizando os argumentos listados.

10
Níveis de leitura

Agora que já se desenvolveu a habilidade de reconhecer uma boa estratégia argumentativa, é hora de observar como, num texto, a comunicação se dá não só pelo que está escrito, mas também pelo que se pode depreender nas entrelinhas. Ler é tarefa a que todos nos dedicamos desde os primeiros anos da vida escolar; entretanto, acabamos não nos dando conta de que realizamos a leitura em diferentes níveis. Dominar essas técnicas de modo consciente e racional pode auxiliar bastante na apreensão de todo o universo comunicativo de um texto, além de proporcionar maior competência para a produção textual.

Vamos falar em quatro níveis de leitura: intelecção, compreensão, interpretação e extrapolação.

Intelecção: entende-se aqui por intelecção a capacidade de decodificar os sinais escritos, percebendo o sentido de cada palavra e das palavras na frase.

Compreensão: compreender é entender o que está escrito numa frase, tendo a capacidade de reproduzir seu sentido com outras palavras.

Interpretação: consiste na habilidade de ler nas entrelinhas, identificar índices do metadiscurso e recursos estilísticos e conferir significação às opções lexicais e sintáticas.

Extrapolação: pode ser tanto positiva quanto negativa:

- positiva: habilidade de ir além das idéias do texto, dialogando com outros textos e contextos;
- negativa: falta de delimitação do campo da interpretação, inferindo-se dados que não estão presentes no texto.

A extrapolação negativa é muito prejudicial à comunicação organizacional. Inferir, com base na extrapolação, que alguém faz uma afirmação significa alterar o conteúdo da mensagem recebida por pura suposição. Observe a seguinte frase:

A princípio, os bávaros não foram aceitos pela comunidade.

A intelecção da frase significa decodificar todas as palavras e correlacionar os sentidos. Se houver dúvida de vocabulário, é nessa etapa da leitura que ela deve ser resolvida. Por exemplo, se o leitor só não souber o significado da palavra "bávaros", pode ter seu entendimento prejudicado. A partir do momento em que esse leitor identificar "bávaros" como os naturais da Baviera, pode-se dizer que a intelecção está completa.

A compreensão se dá se for possível afirmar:

Inicialmente, os naturais da Baviera não tiveram aceitação pelos membros da comunidade.

Ou seja, pela compreensão, o leitor demonstra que processou a informação-base, sendo capaz de reproduzi-la com as próprias palavras.

A interpretação se faz com a análise de diversos elementos da frase.

A princípio, os bávaros não foram aceitos pela comunidade.

- "a princípio" implica que depois houve mudança.
- "foram aceitos" é construção em voz passiva, o que coloca os bávaros em posição de destaque no discurso.
- "não foram aceitos" é uma forma de amenizar "foram rejeitados".

Pergunta-se: é possível inferir que posteriormente a comunidade veio a aceitar os bávaros?

A extrapolação negativa leva a essa inferência. O fato de inicialmente não serem aceitos não permite que se conclua que o foram posteriormente. Só se pode afirmar que houve uma mudança nessa situação inicial. Não se sabe se tal mudança ocorreu via aceitação.

Exercício 1

Leia o texto a seguir e responda à questão proposta (elaborada pelo autor para concurso público).

Falsa prioridade

No discurso, tanto o dos políticos como o dos eleitores, a educação é sempre prioridade. Mas basta dar uma espiada nas avaliações internacionais e nacionais de desempenho de alunos para constatar o desastre que é o ensino brasileiro.

No último Pisa, programa de avaliação da OCDE (Organização para Cooperação e Desenvolvimento Econômico), o Brasil ficou em 37º lugar entre 40 países em compreensão de leitura e em último em matemática. Nas apreciações domésticas a situação não é muito melhor. Dados do último Saeb (Sistema Nacional de Avaliação da Educação Básica), também de 2003, mostram, por exemplo, que 68,8% dos alunos do 3º ano do ensino médio tiveram seu nível de conhecimento classificado entre crítico e muito crítico. É um fracasso.

E a situação tende a piorar no futuro. Como mostrou a reportagem principal do último Sinapse, (...) a profissão de professor corre risco de extinção no país. Como praticamente não existem estímulos para procurar essa carreira, o cenário poderá ficar crítico nos próximos 10 anos.

Pesquisa da CNTE (Confederação Nacional dos Trabalhadores em Educação), realizada em 2003, mostrou que 53,1% dos professores em atividade estavam na faixa dos 40 aos 59 anos, e 38,4% tinham entre 25 e 39 anos. Só 2,9% se encontravam na categoria entre 18 e 24 anos. A pergunta inescapável é: quem vai substituir os atuais mestres à medida que eles forem se aposentando?

A escassez de docentes já é perceptível em vários Estados, em especial em áreas técnicas (física, química e matemática), cuja formação encontra em outras atividades da iniciativa privada condições profissionais mais convidativas que as oferecidas por escolas. E não se fala apenas de salário mas também de prestígio. Até algum tempo atrás, professores já ganhavam mal, mas ainda tinham um alto reconhecimento social.

A situação é grave e não permite tergiversações. Ou o Brasil decide tornar a educação uma prioridade real, e não apenas retórica, ou a falta de educação continuará causando grandes danos ao Brasil.

Editorial, *Folha de S. Paulo*, 3 out. 2005

Pode-se inferir pela leitura do texto que:

a) a situação da educação no Brasil é grave nos parâmetros domésticos, mas compatível com a de muitos países na faixa de desenvolvimento.
b) os professores mais idosos deixam a sala de aula em busca de salários melhores na iniciativa privada, em busca de melhor aposentadoria.
c) apesar dos baixos salários praticados recentemente, fruto da perda gradativa de seu poder aquisitivo, a situação do professor no Brasil já foi deveras satisfatória.
d) a dificuldade cada vez maior de se ingressar em um curso superior resulta, a longo prazo, no déficit de professores na rede pública, que acaba permanecendo com um quadro mais idoso.
e) a situação do país no âmbito da educação é problemática tanto pela falta de professores quanto pelo grau de qualificação do corpo discente, situação reprochável interna e externamente.

Exercício 2

Leia o texto a seguir e responda à questão proposta (elaborada pelo autor para concurso público).

Cursos de pedagogia ensinarão linguagem de surdos

A Linguagem Brasileira de Sinais (Libras) passará a ter formação específica nos cursos de Pedagogia e de formação de professores e será uma das especializações dos cursos de Letras, como uma segunda língua.

A determinação está no decreto apresentado nesta terça-feira pelo ministro da Educação, Fernando Haddad, e é parte da regulamentação da lei de 2002 que tornou a Libras uma forma nacional de comunicação.

A linguagem de sinais é usada por deficientes auditivos para se comunicar. No entanto, até hoje as escolas brasileiras não têm professores com formação específica e não existem cursos nessa área, o que dificulta a comunicação e a aprendizagem dos estudantes surdos nas escolas.

Continua

A partir da regulamentação, a disciplina será obrigatória em todos os cursos de licenciatura — independentemente da área — e de Fonoaudiologia e opcional nos demais.

As universidades terão 10 anos para oferecerem o ensino de Libras em todos os seus cursos de formação de professores, mas nos próximos três anos já terão que ter a disciplina em pelo menos 20% dos cursos. Em cinco anos, 60% dos cursos precisarão ter a disciplina.

A partir de um ano da publicação da regulamentação, todas as instituições terão que oferecer a formação em Libras como matéria optativa em todos os cursos.

Algumas instituições, no entanto, já tomaram a iniciativa de preparar seus cursos. A Universidade Federal de Santa Catarina (UFSC) vai oferecer o primeiro curso de graduação com especialização em Libras a partir do ano que vem.

Depois de um ano do decreto de regulamentação estar em vigor, as instituições públicas e as empresas da administração federal, direta ou indireta, incluindo as universidades federais e o Sistema Único de Saúde (SUS), terão que ter em seus quadros um tradutor de Libras.

Gilberto Dimenstein
Jornalismo Comunitário. Disponível em: <www.folha.com.br>.
Acesso em: 3 jan. 2006.

Em relação ao título e ao desenvolvimento do texto, é correto afirmar que:

a) o título antecipa todas as informações contidas no texto.
b) o texto desenvolve a informação que aparece no título, apresentando mais detalhes.
c) o título é inadequado, pois as informações são incoerentes.
d) o texto é incompleto, pois, pelo título, mais informações deviam ter sido apresentadas.
e) o título é um resumo completo e satisfatório de todas as informações desenvolvidas.

Exercício 3

Leia o texto a seguir e responda às questões propostas (elaboradas pelo autor para concurso público).

Perigo real e imediato

Desde que a era das fotografias espaciais começou, há 40 anos, uma nova e prodigiosa imagem se formou no arquivo mental da humanidade sobre o que é o planeta no qual vivemos. Do nosso ponto de vista no universo, provavelmente não existe nada que se compare à beleza desta vívida esfera azul, brilhando na imensidão do espaço, água e terra entrelaçadas num abraço eterno, envoltas num cambiante véu de nuvens. O que as fotos não mostram, mas sabemos existir mais abaixo, é igualmente de arrepiar. A luxuriante diversidade da vida espalhada por florestas, montanhas, desertos, oceanos, rios, vibrando num diapasão constante que evoca uma história de 3,5 bilhões de anos, desde as bactérias primevas até tudo o que respira, exala, anda, rasteja, suga, fotossintetiza-se, multiplica-se e replica-se, neste momento exato, em nosso planeta. Além de tudo cuja existência conhecemos, ainda há o que apenas supomos. "A totalidade da vida, conhecida como biosfera pelos cientistas e criação pelos teólogos, é uma membrana tão fina de organismos que envolve a Terra que não pode ser vista a partir de uma nave espacial, porém internamente é tão complexa que a maior parte das espécies que a compõem está por ser descoberta", escreveu, numa tentativa de síntese da grandiosidade do fenômeno, Edward O. Wilson, o grande biólogo americano.

Wilson está entre os cientistas de vulto que clamam insistentemente pela atenção da humanidade para o perigo real e cada vez mais imediato para a sobrevivência de nós mesmos, que podemos ser arrastados num paroxismo de autodestruição, levando conosco as formas mais complexas de vida. Claro, sempre sobrarão as baratas. (...)

Continua

Até recentemente, era comum falar em ameaças que poderiam afetar a vida de nossos netos — uma perspectiva bastante incômoda, mas sem a premência dos desastres iminentes. Hoje, até a palavra ameaça ficou superada. Os fenômenos deletérios estão em andamento e muitos de seus efeitos serão sentidos ainda dentro da expectativa de vida de boa parte da humanidade. Propaga-se, por exemplo, a noção de que está em curso a sexta extinção em massa. As cinco anteriores conhecidas pela ciência deixaram registros geológicos concretos. A maior aconteceu há 250 milhões de anos; a mais conhecida, a que extinguiu os dinossauros, há 65 milhões. Extinções, evidentemente, fazem parte da história da Terra — menos de 10% das espécies que em algum momento existiram continuam a ter um bilhete no ciclo da vida do planeta. A taxa de extinção considerada normal é de uma espécie em 1 milhão por ano; a atual gira em torno de 1.000 por ano entre espécies conhecidas e ainda não catalogadas. O aquecimento global tampouco é apenas uma hipótese no horizonte do médio prazo. Todas as grandes geleiras do planeta vêm diminuindo, os oceanos estão se tornando mais quentes, animais mudam suas rotas migratórias, a diferença de temperatura entre dia e noite cai. Os níveis de dióxido de carbono são os mais altos dos últimos 420.000 anos. Se as emissões continuarem, atingirão um estágio que ocorreu pela última vez no Eoceno, há 50 milhões de anos.

(...)

A capacidade humana de alterar o planeta em escala geológica atingiu tal ponto que o cientista holandês Paul Crutzen propõe que a época atual, Holoceno, iniciada há apenas 10.000 anos, já acabou. Vivemos, diz ele, em pleno antropoceno — e isso começou no fim do século XVIII, com a invenção da máquina a vapor, desencadeadora do processo que mudou a face da Terra. A vaga de alarmismo que permeia o mundo no momento é tamanha que permite perguntas altamente incômodas. Em escala cosmológica, qual seria a importância do desaparecimento dos humanos da Terra (ainda que levassem, em sua irresponsabilidade genocida, uma enormidade de espécies consigo)? Mais ainda: o mecanismo de autodestruição não está

Continua

embutido na própria espécie, para barrar sua propagação virulenta e descontrolada, e entrou em ação justamente num momento crítico?

Fazer perguntas para as quais não se tem respostas é próprio da espécie humana. Podemos, no entanto, conjeturar. Uma resposta possível à primeira pergunta é que a importância provavelmente é nenhuma. Mesmo que o surgimento de vida inteligente e consciente tenha resultado de uma cadeia de eventos tão improvável que tenha acontecido uma única vez — aqui mesmo, na nossa magnífica esfera azul —, a extinção da espécie humana, por mais inominável que nos pareça, não significa o fim da vida. À segunda pergunta, só podemos responder que, como não estaremos aqui para saber se a hipótese se confirma, temos a obrigação de trabalhar com a idéia contrária: não estamos programados para a extinção, ou pelo menos não agora. A vida começou na Terra há cerca de 3,5 bilhões de anos e ainda há 6 bilhões pela frente antes que o Sol incinere a Terra. Cerca de 60 bilhões de seres humanos já viveram antes de nós. Seria demais deixar um desaparecimento catastrófico acontecer justo no nosso turno.

Vilma Gryzinski
Veja, 12 out. 2005

1. Assinale a alternativa que melhor sintetize as idéias do texto.

a) O homem traz, em sua programação biológica, uma ação de autodestruição programada para daqui a 6 bilhões de anos.

b) A espécie humana, com a interferência na geologia do planeta, é capaz de provocar sua extinção.

c) Os seres humanos, diferentemente de outras formas de vida, não resistirão às mudanças climáticas naturais provocadas pelo fim do Holoceno.

d) O alarmismo em relação à possibilidade de extinção da espécie humana pode ser combatido com a eliminação de sua programação biológica de autodestruição.

e) Embora o ser humano traga uma programação biológica de autodestruição, não está programado para a extinção no Holoceno.

2. O texto pode ser classificado como:
a) narrativo descritivo.
b) argumentativo opinativo.
c) descritivo subjetivo.
d) narrativo objetivo.
e) lírico moralizante.

Exercício 4

Leia o parágrafo abaixo e responda às perguntas que o seguem.

> Os problemas do materialismo colocar-se-ão tanto mais nitidamente se nós realizarmos mais francamente uma separação total entre a vida racional e a vida onírica, aceitando uma dupla vida, a do homem noturno e a do homem diurno, a dupla base de uma antropologia completa. Tudo depende do problema visado, problema de estética da linguagem ou problema da racionalização da experiência. Mas, mesmo que estejam empenhados assim tão nitidamente, os valores oníricos e os valores intelectuais continuam em conflito. Eles afirmam-se muitas vezes, uns e outros, nesse conflito. (Bachelard)

a) Segundo o texto, como se comportam a vida racional e a vida onírica?
b) É possível inferir que a existência independente de cada uma delas se faz pela imagem da outra?
c) Em que aspectos as afirmações contidas no parágrafo se relativizam, ou seja, deixam de ter validade absoluta?

Exercício complementar

Leia os parágrafos a seguir e faça uma análise via interpretação, apontando informações que possam ser inferidas pela leitura do texto.

Os últimos serão os primeiros?[11]

Para quem não imaginava que poderia haver mais emoções neste final de temporada, o Grande Prêmio do Japão surpreendeu. A garoa, o aguaceiro e, finalmente, a chuva forte, complicaram a escolha dos pneus entre os mistos e os de chuva, e acabou definindo um dos mais inusitados grids da temporada. A primeira fila não chegou a ser exatamente uma zebra, com Ralf Schumacher e Jenson Button colocando os motores Toyota e Honda na frente, mas daí para trás, alinham muitas surpresas.

(...)

Mas como a eficiente meteorologia japonesa prevê pista seca para a corrida, a atração mesmo será a atropelada desse time de cobrões para cima dos pilotos do grupo intermediário formado por Sato, Coulthard, Webber e Villeneuve, um quarteto que não é de dar passagem facilmente.

(...)

Lemyr Martins

---

[11] Extraído de: <http://quatrorodas.abril.com.br/grid/formula1/colunadolemyr/2005/18_jap_1.shtml>.

11
A construção do texto

Todo texto, como uma tessitura de idéias concretizadas em frases, deve seguir uma estruturação que lhe proporcione as qualidades da comunicação já estudadas em capítulos anteriores. Atendendo a esse propósito, com as unidades frasais compõem-se parágrafos, que, por sua vez, articulados, possibilitam a fluência das idéias expressas, constituindo o todo, notadamente o texto final.

Em primeiro lugar, deve-se atentar para a coesão e a coerência internas da frase. Como toda frase deve trazer uma estrutura completa, ela deve também estar pronta a se articular com outras frases, observando a unidade que deve ser alcançada com a composição do parágrafo. Frases isoladas não compõem um parágrafo, muito menos um texto. Dessa forma, é nítido que os elementos de coesão se tornam essenciais.

Em seguida, com frases completas e articuladas, compõe-se o parágrafo, uma unidade do texto que carrega uma idéia importante. Portanto, se você tiver idéias igualmente importantes a desenvolver, evite que elas disputem espaço no mesmo parágrafo. Assim como é necessário manter a coesão entre as frases, os parágrafos de um texto não podem parecer blocos estanques.

Como estruturar os parágrafos? A resposta novamente depende do planejamento realizado, observando-se se ocorre equilíbrio entre as partes apresentadas. Um dos grandes problemas que os textos em geral apresentam ocorre quando a composição é realizada e pensada ao passo que se vai desenvolvendo. É comum, nesses casos, observar idéias dependentes deslocadas, que podiam ter sido reunidas em um só parágrafo, ou parágrafos que não se articulam, fragmentando o fluxo do pensamento e, conseqüentemente, da leitura.

É sempre bom lembrar que é necessário planejar o texto seguindo o passo-a-passo apresentado no capítulo 4. Assim que se obtiver um roteiro prévio do que se pretende comunicar, é chegada a hora de estabelecer como ele será desenvolvido textualmente.

Num texto mais extenso, dissertativo ou argumentativo, é fundamental que se estabeleça o recorte que se dará ao assunto. Pode-se decidir por um desenvolvimento dedutivo (do geral para o particular) ou indutivo (do particular para o geral), sempre tendo em mente aonde se pretende chegar.

Para a composição de textos não-literários, que buscam a objetividade da informação, continua a valer o que se aprendeu nos bancos escolares: um texto se divide naturalmente em *introdução, desenvolvimento e conclusão*. Sem que se constitua uma fórmula ou modelo, pode ser realizado um procedimento para verificar se um texto curto, que ocupa entre 30 e 60 linhas, foi composto de forma equilibrada. Nesse tipo textual — I + C < D —, o número de linhas da introdução, somado ao da conclusão, deve dar um resultado menor que o do desenvolvimento. Portanto, se você dispõe de 30 linhas para expor um assunto, pode, por exemplo, elaborar seu texto em seis parágrafos, dedicando em média cinco linhas para cada um deles. Ou seja: 5 + 5 < 20 (cinco linhas da introdução + cinco linhas da conclusão < 20 linhas do desenvolvimento).

Se seu objetivo é construir um texto argumentativo, após a apresentação do assunto (introdução), o desenvolvimento deve se estruturar em parte expositiva, estratégia de contra-argumentação e estratégia de argumentação propriamente dita, seguido da conclusão. Se há dúvidas a respeito de como se realizar um processo argumentativo, reveja o capítulo 9.

Observe como se constrói o texto a seguir. Repare que, como ele ultrapassa bastante 50 linhas, é possível estender a introdução por mais de um parágrafo.

STF e a defesa da cidadania

Com a promulgação da Carta de 1988 — a Constituição Cidadã, como então a chamou o deputado Ulysses Guimarães —, o STF (Supremo Tribunal Federal) passou a ser considerado a Corte Constitucional do país, a quem os constituintes incumbiram a missão de velar pela conformidade das leis aos preceitos estatuídos pela Constituição da República.

Continua

Nestes momentos em que a composição do Tribunal vem passando por alterações advindas da aposentadoria de alguns de seus integrantes, ganham especial relevo questões essenciais à manutenção do Estado democrático de Direito que estão prestes a ser decididas pelo STF e que, por sua natureza, preocupam em particular o Ministério Público, instituição encarregada da defesa da ordem jurídica e do regime democrático.

A primeira das questões diz respeito aos poderes investigatórios do Ministério Público. Segmentos majoritários da doutrina e da jurisprudência reconhecem que a Constituição garante aos procuradores e promotores de Justiça, sempre que necessário, a possibilidade de procederem a investigações próprias que permitam aprimorar a acusação criminal a ser apresentada à Justiça.

O STF, provocado por entidades contrárias a esse entendimento, começou a analisar o assunto, e o julgamento, por ora favorável ao Ministério Público por 3 votos a 2, está suspenso desde setembro de 2004, quando o ministro Cezar Peluso pediu vista do processo.

Outro assunto de capital importância se relaciona ao regime de cumprimento de pena dos condenados pela prática de crimes hediondos. Os criminosos condenados por estes crimes — homicídio qualificado, extorsão mediante seqüestro, latrocínio, estupro, atentado violento ao pudor etc. —, bem como por tráfico de entorpecentes, devem cumprir a pena integralmente em regime fechado, isto é, em presídios e penitenciárias.

Alguns tribunais estaduais, no entanto, têm considerado que a lei dos crimes hediondos é inconstitucional ou, então, que foi revogada por uma lei posterior, que passou a permitir a progressão de regime aos condenados pela prática de tortura.

Embora o Supremo Tribunal Federal esteja entendendo que a lei não é inconstitucional nem foi revogada, não é impossível que o Tribunal venha a adotar posição diversa, até em decorrência de mudança em sua composição.

Por fim, há uma questão extremamente importante que o Supremo discute há algum tempo e que, ao que parece, está em vias de ser decidida definitivamente: a possibilidade de que o Tribunal passe a entender que os chamados agentes políticos — presidente, ministros, senadores, deputa-

Continua

dos federais e estaduais, governadores, secretários, prefeitos, vereadores etc. — não estejam mais sujeitos às punições previstas na Lei de Improbidade Administrativa, mas apenas às decorrentes de crimes de responsabilidade.

A Lei de Improbidade Administrativa vem sendo largamente utilizada em todo o país para a responsabilização de milhares de autoridades federais, estaduais e municipais que tenham dilapidado o erário, cometido atos de corrupção, desviado recursos públicos — enfim, que tenham atentado contra a probidade na administração pública.

O STF, porém, tende a entender que somente servidores públicos menos graduados serão processados por improbidade: as autoridades serão julgadas por crimes de responsabilidade por tribunais e, em alguns casos — como o presidente, os governadores e os parlamentares —, apenas pelas Casas Legislativas, isto é, o Congresso Nacional e as Assembléias Legislativas dos Estados.

Isso será prejudicial para a democracia brasileira: os tribunais têm enorme quantidade de feitos, e não lhes será possível punir, com agilidade e eficácia, os maus gestores dos cofres públicos; os Parlamentos são órgãos políticos, e suas deliberações são, assim, políticas, não se podendo esperar que julguem, com a técnica jurídica necessária, atos de improbidade praticados por políticos.

O julgamento dessa questão pelo Supremo apresenta, momentaneamente, placar desfavorável às aspirações republicanas. Sete dos ministros já votaram, e seis deles — Nelson Jobim, Gilmar Mendes, Ellen Gracie, Cezar Peluso, Maurício Corrêa e Ilmar Galvão, estes dois últimos já aposentados — se manifestaram pela inaplicabilidade da Lei de Improbidade Administrativa aos agentes políticos.

O ministro Carlos Velloso, aposentado recentemente, foi o único, até agora, a indispor-se contra a tese, alegando, com justa razão, que uma decisão nesse sentido funcionaria como "um estímulo à corrupção".

O ministro Joaquim Barbosa pediu vista do processo, e somente a eventual modificação de algum dos seis votos favoráveis já proferidos poderá impedir que a posição por ora majoritária prevaleça ao fim das discussões.

Continua

> O Ministério Público e a sociedade esperam que o STF pondere detidamente sobre essas questões. São assuntos essenciais, cuja apreciação pela Corte Constitucional resultará no aperfeiçoamento do regime republicano no Brasil — ou, ao revés, em irreparáveis prejuízos à democracia e à cidadania.
>
> Rodrigo César Rebello Pinho
> Folha de S. Paulo, 29 jan. 2006

Exercício 1

Com base no texto acima, responda às questões a seguir, elaboradas pelo autor deste livro para concurso público.

1. Assinale a alternativa *incorreta* a respeito das idéias do texto.
a) O texto aponta três questões igualmente importantes a serem julgadas pelo STF, tendo sido duas delas interrompidas por solicitação de vista do processo.
b) O texto não é isento de opinião, pois julga que a decisão de inaplicabilidade da Lei de Improbidade Administrativa aos agentes políticos seria um dano à democracia.
c) No texto, é possível perceber que é notada uma certa urgência no julgamento das questões apontadas, haja vista a aposentadoria de alguns dos integrantes do STF.
d) Segundo o texto, não há consenso em relação à Lei de Crimes Hediondos, havendo discordância entre alguns tribunais estaduais e o STF.
e) De acordo com o texto, o Ministério Público, a que cabe defender o regime democrático, preocupa-se com o julgamento das questões apontadas, devido à sua natureza.

2. O texto pode ser classificado como:
a) descritivo.
b) dissertativo.
c) epistolar.
d) literário.
e) narrativo.

3. Assinale a alternativa que aponte uma correta divisão do texto, obedecendo à lógica de sua estrutura.

	Parte 1	Parte 2	Parte 3	Parte 4	Parte 5
A	parágrafo 1	parágrafos 2, 3 e 4	parágrafos 5, 6 e 7	parágrafos 8 ao 14	parágrafo 15
B	parágrafos 1 e 2	parágrafos 3 ao 7	parágrafos 8 ao 10	parágrafos 11 e 13	parágrafos 14 e 15
C	parágrafos 1 ao 4	parágrafos 5, 6 e 7	parágrafos 8 ao 10	parágrafos 11 e 13	parágrafos 14 e 15
D	parágrafos 1 e 2	parágrafos 3 e 4	parágrafos 5, 6 e 7	parágrafos 8 ao 14	parágrafo 15
E	parágrafo 1	parágrafos 2, 3 e 4	parágrafos 5 ao 10	parágrafos 11 ao 13	parágrafos 14 e 15

4. "*Embora* o Supremo Tribunal Federal esteja entendendo que a lei não é inconstitucional nem foi revogada, não é impossível que o Tribunal venha a adotar posição diversa, até em decorrência de mudança em sua composição."

Assinale a alternativa que NÃO possa substituir *"embora"* no trecho acima, sob pena de provocar prejuízo gramatical ou semântico.

a) Não obstante
b) Mesmo que
c) A despeito de que
d) Conquanto
e) Porquanto

5. "O STF, porém, tende a entender que somente servidores públicos menos graduados serão processados por improbidade: as autoridades serão julgadas por crimes de responsabilidade por tribunais e, em alguns casos — como o presidente, os governadores e os parlamentares —, apenas pelas Casas Legislativas, isto é, o Congresso Nacional e as Assembléias Legislativas dos Estados."

O uso de dois-pontos no trecho acima se justifica por introduzir:
a) um esclarecimento.
b) uma citação.
c) um discurso direto.
d) uma enumeração.
e) uma síntese.

6. "O ministro Joaquim Barbosa pediu vista do processo, e somente a eventual modificação de algum dos seis votos favoráveis já proferidos poderá impedir que a posição por ora majoritária prevaleça ao fim das discussões."
   No trecho acima, utilizou-se corretamente a vírgula antes da conjunção "e". Assinale a alternativa em que isso NÃO tenha ocorrido.
a) Os rapazes chegaram tarde, acenderam as luzes, e acordaram os amigos.
b) Os rapazes vieram a pé, e as moças aguardaram o ônibus.
c) Eles estudaram muito, e não foram aprovados.
d) E sorri, e ri, e gargalhei ao passo que o via mais de perto.
e) Digo, e repito.

7. "O julgamento dessa questão pelo Supremo apresenta, momentaneamente, placar desfavorável *às* aspirações republicanas."
   No trecho acima, empregou-se corretamente o acento indicativo de crase. Assinale a alternativa em que isso NÃO tenha ocorrido.
a) O tribunal fica à distância de cem metros.
b) Fomos à São Paulo dos nossos sonhos de consumo.
c) Eles chegaram às 17 horas.
d) O curso vai de segunda à sexta.
e) Ela sempre nos visita à tarde.

8. Assinale a alternativa que apresente um antônimo de *improbidade*.
a) incorrupção
b) lubricidade
c) verriondez

d) estroinice
e) rambóia

9. Ao utilizar "*nestes*" no segundo parágrafo, o texto faz referência aos momentos:
a) contemporâneos à época da composição do texto.
b) da promulgação da Constituição.
c) da aposentadoria dos deputados.
d) descritos no parágrafo anterior.
e) imaginados para um futuro distante.

Exercício 2
Construa duas frases articuladas, que poderiam compor um texto argumentativo e estariam no mesmo parágrafo, a respeito do processo eleitoral brasileiro.

Exercício 3
Construa o parágrafo de introdução de um texto que desenvolverá pelo método dedutivo uma discussão acerca dos altos índices de mortalidade infantil no Brasil.

Exercício 4
Elabore um texto argumentativo, utilizando entre 25 e 30 linhas, com base na seguinte frase: "O Brasil é um país de contrastes."

Exercício 5
Pesquise argumentos de autoridade que possam ser utilizados não falaciosamente para defender a redução da maioridade penal para 16 anos.

Exercício 6
Reúna os argumentos encontrados em sua pesquisa em um texto argumentativo utilizando aproximadamente 25 linhas.

12

Aspectos gramaticais

Neste capítulo pretende-se abordar dois itens que normalmente se apresentam como erros comuns nas escritas cotidianas: o emprego do *porquê* e o uso do *hífen*.

Como o objetivo deste livro não é substituir uma gramática, que sempre deve acompanhar os estudos de qualquer pessoa que use a língua como instrumento de trabalho, justifica-se a intenção de tratar apenas desses dois aspectos.

Emprego de por que, por quê, porque e porquê

Há quatro formas, cada qual com um uso específico. O mais importante é não se deixar enganar pela solução tradicional e superficial de saber "qual é o da pergunta e qual é o da resposta".

Com as explicações a seguir, não haverá mais dúvidas. Se forem utilizadas como referência de pesquisa sempre que se empregarem os porquês, pelo menos inicialmente, em pouco tempo se estará sabendo exatamente a distinção entre cada forma.

Por que (= por qual motivo)

A forma POR QUE pode ser identificada substituindo-a por "por qual motivo, por qual razão". Veja os exemplos a seguir:

Por que ainda temos tantas dúvidas?

Em breve entenderemos *por que* tínhamos tantas dúvidas. Eles não disseram *por que*, depois de tanto tempo de estudo, ainda permaneciam as dúvidas.

Cuidado: a forma POR QUE também pode ser simplesmente a preposição POR ao lado do pronome relativo QUE, e, nesse caso, pode ser substituída, para efeito de confirmação, por "pelo qual" e flexões.

A transportadora *por que* (= pela qual) os livros serão enviados definiu sua rota de entrega.

Por quê (= por qual motivo)

A forma POR QUÊ também significa "por qual motivo, por qual razão". A diferença de uso entre esta forma e POR QUE se dá pela observação da conclusão ou não da idéia contida em POR QUE.

Repare o exemplo citado anteriormente:

Em breve entenderemos *por que* tínhamos tantas dúvidas.

Caso se tire da frase a "continuação" do POR QUE, ele ganhará um acento. Normalmente se diz que o acento aparece no fim da frase. Isso faz sentido, pois, se a frase termina, é óbvio que a idéia não continua. Assim:

Antes, tínhamos tantas dúvidas; em breve, entenderemos *por quê*.
Ele tem dúvidas. *Por quê*?
Embora tenhamos entendido *por quê*, ainda não estamos satisfeitos.

Porque (= pois, uma vez que, já que)

A forma PORQUE pode ser substituída por algum termo que denote causa ou explicação, como "pois, uma vez que, já que". Independe se aparecer em uma pergunta ou resposta. Antes de empregá-lo, confira se o sentido não é o de "por qual motivo", o que indicaria que a forma correta seria POR QUE.

Ainda temos muitas dúvidas *porque* faltou aprendizado em uma fase mais madura da vida.

Porque ele não tem dúvidas todos não devem ter?

Observe as duas frases a seguir:

Sabemos *porque* fomos informados.
Sabemos *por que* fomos informados.

No primeiro caso, o sentido é: "Sabemos pois alguém nos informou." Está-se apresentando a causa de se saber.

No segundo caso, o sentido é: "Sabemos por qual razão nos escolheram para receber a informação." Está-se dizendo o que se sabe, o complemento do verbo saber.

Porquê (= substantivo, significa o motivo, a razão)

A forma PORQUÊ é um substantivo, e a maneira de se saber isso é sempre buscar o determinante que o acompanha. Se não houver um determinante, não será um substantivo. Observe:

Esse *porquê* satisfez a todos.
Vá pensando em um *porquê* para a sua falta.
Ele sempre tem muitos *porquês*.
Em breve entenderemos o *porquê* de termos tantas dúvidas.

Exercício 1
1. Complete as lacunas com a forma adequada do porquê.
a) _____ você pensa em ir embora?
b) Queria saber _____ você quis ir embora.
c) Antes de entender _____, queria que não houvesse um _____.
d) _____ ele chegou tarde você também acha que pode chegar?
e) Os caminhos _____ passamos refletem nossa existência.
f) Ele disse _____, entre tantos, foi escolhido.
g) _____ você não disse que viria mais cedo?

h) Ele queria saber _____ você não veio mais cedo.
i) Você não veio mais cedo, _____?
j) O motivo _____ você não veio mais cedo não ficou claro para nós.
k) _____ você estava atarefado não veio mais cedo?
l) Qual é o _____ desta vez?
m) Sem saber _____, ele sempre age daquela maneira.
n) Queremos saber _____, justamente neste dia, você chegou mais tarde.
o) Quero saber _____, como, quando e onde aconteceu o acidente.
p) Ele não pôde explicar _____ nem sabia do ocorrido.

Exercício 2

Corrija os porquês do trecho a seguir:

> Todos se perguntam porque divulgar suas idéias é perigoso. Por que sabemos algo que aparentemente poucos sabem devemos ficar calados? Porque temos tanta insegurança é o que queremos saber. Porquê, estando de posse de idéias criativas, tememos que no-las roubem. E, assim, em busca do por quê, passamos a vida tendo boas idéias e não as compartilhando, e, de uma hora para outra, secamos nossa fonte, morrendo de cabeça oca porquê fomos cabeças-ocas, e ainda sem entender porquê.

Emprego do hífen

Apesar de constituir uma dúvida muito comum na hora de escrever, as regras de emprego do hífen podem ser facilmente aprendidas se, a cada vez que aparecer a dúvida, se consultar este livro, um dicionário ou uma gramática, a fim de evitar o erro. Aos poucos, a consulta se tornará cada vez menos freqüente, e naturalmente se fará a opção correta.

Para facilitar a consulta, o quadro a seguir sintetiza os casos em que os prefixos listados se unem à palavra seguinte com hífen.

Prefixos	Antes de				
	Vogais	H	R	S	B
AUTO CONTRA EXTRA INFRA INTRA NEO PROTO PSEUDO SEMI SUPRA ULTRA	X	X	X	X	
ANTE ANTI ARQUI SOBRE		X	X	X	
HIPER INTER SUPER		X	X		
SUB			X		X

Observação: "Extraordinário" é exceção.

Casos complementares:

a) Os prefixos CIRCUM, MAL e PAN pedem hífen antes de vogal e H.
b) Os prefixos VICE, EX, SEM, PÁRA, RECÉM, ALÉM, SOTA, SOTO, AQUÉM, NUPER e VIZO *sempre* pedem hífen ao se juntarem à palavra seguinte.
c) Cuidado com os prefixos BEM, PRÉ, PRÓ, PÓS e CO. Nesses casos, é sempre bom consultar o dicionário atualizado, pois há várias exceções, e vêm ocorrendo mudanças na língua.
d) Cuidado com elementos de composição como BI, MACRO, MAXI, MEGA, MICRO, MINI, MONO, MULTI, PLURI, POLI, RETRO, SOCIO, TELE, TETRA, TRANS e TRI. Eles dispensam o uso de hífen na união com o termo seguinte. No caso de este começar com R ou S, essas letras devem ser duplicadas.

Exercício 3

Empregue o hífen corretamente:

auto + escola = _____
auto + retrato = _____
auto + biografia = _____
contra + ataque = _____
contra + reforma = _____
contra + filé = _____
extra + oficial = _____
extra + ordinário = _____
extra + regulamentar = _____
extra + classe = _____
infra + estrutura = _____
infra + hepático = _____
infra + vermelho = _____
intra + uterino = _____
intra + muscular = _____
neo + realismo = _____
neo + liberal = _____
proto + história = _____
pseudo + artista = _____
pseudo + cientista = _____
semi + selvagem = _____
semi + interno = _____
semi + final = _____
supra + renal = _____
supra + citado = _____
ultra + som = _____

ultra + violeta = _____
ante + sala = _____
ante + ontem = _____
anti + semita = _____
anti + herói = _____
anti + inflacionário = _____
arqui + rival = _____
arqui + inimigo = _____
arqui + duque = _____
sobre + saia = _____
sobre + humano = _____
sobre + taxa = _____
hiper + raivoso = _____
hiper + sensível = _____
inter + regional = _____
inter + estadual = _____
super + homem = _____
super + rápido = _____
super + atleta = _____
sub + base = _____
sub + ramo = _____
sub + secretário = _____
sub + oficial = _____
sub + humano = _____
multi + serviços = _____
mega + astro = _____

13

O e-mail e as escritas organizacionais

O e-mail

Com a necessidade de uma comunicação eficiente e eficaz, os antigos modelos de redação comercial pouco têm validade hoje. Sua estrutura se modificou bastante, buscando atender à necessidade de prontidão no entendimento e na resposta ao que é comunicado.

A velocidade trouxe a "pressa", e é ela a grande vilã das falhas de comunicação. Na verdade, sabe-se que, se há pressa, é porque há falhas estruturais no planejamento ou falta de competência lingüística e discursiva para que o texto seja fluente.

Para a composição de e-mails, é importante seguir as recomendações a seguir:

1. Construa frases curtas, simples e objetivas.
2. Se o e-mail for interno, pode ganhar um caráter de "bilhete", sem perder a característica de correção gramatical ou discursiva.
3. Se o e-mail for externo, é bom lembrar que toda a formalidade deve ser mantida.
4. Como correspondência, o e-mail não deixa de ter igualmente sua forma apropriada, sua estética.
5. Ao lado da estética e da maior ou menor formalidade, está o que se convencionou chamar de "netiqueta".

Exercício 1

Supondo que você seja recém-contratado numa empresa, componha um e-mail de auto-apresentação aos demais membros da sua equipe. Seja cordial e fale das suas expectativas. Cuidado para não ultrapassar cinco linhas.

Exercício 2

Pesquise a respeito da "netiqueta" e sintetize em cinco linhas por que ela deve ser mantida nas comunicações por e-mail.

Exercício 3

Construindo frases curtas, componha um e-mail de no máximo cinco linhas relatando brevemente ao seu superior o resultado de uma reunião com um cliente importante.

A carta comercial

Antigamente, nas cartas comerciais, utilizavam-se chavões e linguagem prolixa e rebuscada. Tudo fazia parte de um protocolo que, hoje, não mais tem razão de ser. Toda a mudança se justifica pela objetividade que deve ser buscada em todo processo de comunicação empresarial e organizacional.

Observe os exemplos a seguir, respectivamente, de uma carta à moda antiga e de uma carta moderna.

Ct 26   Rio de Janeiro, 01 de setembro de 1989.

Ao Departamento de Compras
Centro Cultural Cartola
Aos cuidados de Pedro Paulo Nogueira

Ilmo. Senhor:

Vimos por meio desta comunicar o atendimento do pedido de Vossa Senhoria, conforme carta enviada ao nosso departamento em julho próximo passado.

Outrossim, aproveitamos o ensejo para lembrar que nosso catálogo atualizado já se encontra à disposição dos nossos clientes.

Aproveitamos para renovar nossos mais sinceros votos de estima e consideração.

Atenciosamente,
Fulano de Tal

> Ct 26
>
> Rio de Janeiro, 1 de setembro de 2005.
>
> Ao
> Centro Cultural Cartola
> Departamento de Compras
> At.: Sr. Pedro Paulo Nogueira
>
> Assunto: Atendimento de pedido nº. 286
>
> Prezado Senhor:
>
> Conforme solicitação, comunicamos o atendimento do seu pedido.
>
> Como pode ser de seu interesse, lembramos que nosso catálogo atualizado já se encontra à disposição dos nossos clientes.
>
> Atenciosamente,
> Fulano de Tal

Exercício 4

No papel de um consultor de empresas, elabore uma carta comercial apresentando seus serviços.

O memorando

O memorando é uma comunicação interna à empresa e cada vez mais vem sendo realizado pela via eletrônica. Não apresenta estrutura muito elaborada, configurando-se com o registro do remetente, dos destinatários e principalmente do assunto de que trata. O formato do e-mail incorporou esses elementos do antigo memorando.

O memorando serve para registrar as comunicações efetivadas nas organizações. Mesmo que se acorde verbalmente um procedimento, as empresas preferem que seja feito um registro escrito para fins de melhor acompanhamento das tarefas a serem realizadas.

Observe o modelo de memorando sintético a seguir. Repare que em quase nada difere de um e-mail interno. Tal processo acompanha a tendência de simplificação da comunicação escrita nas empresas.

Memo 36/2005

Prezado Supervisor:
Solicito o envio de relatório de desempenho de funcionários da sua seção até o dia 12 de agosto.
Segue em anexo o modelo padronizado.

Grato,
Fulano de Tal

Se o memorando for enviado eletronicamente, é dispensável aparecer o nome do destinatário no corpo da mensagem.

Exercício 5

Com base no modelo acima, componha um memorando informando ao Departamento de Gestão de Pessoas o desligamento de um funcionário sob sua supervisão.

Outras escritas organizacionais

As escritas organizacionais variam de empresa para empresa. Com a diversidade de meios eletrônicos para a transmissão de mensagens, cada instituição acaba construindo seus próprios padrões, lembrando que isso em nada altera a necessidade de se manterem as qualidades estudadas em capítulos anteriores. Empresas de telefonia móvel vêm utilizando, em lugar dos já tradicionais e-mails, mensagens SMS para tornar mais efetiva e ágil a comunicação interna. Cabe, então, ao profissional atualizado e "antenado" com as novas tecnologias saber utilizá-las com o máximo de benefício para a empresa em que trabalha.

Na área pública, a comunicação segue uniformizações, que podem também ser adotadas em algumas empresas, se o departamento responsável assim o desejar. Para tanto, vale consultar e estudar o *Manual de redação da Presidência da República*, que norteia a redação dos atos administrativos do governo. Tal documento é gratuito e pode ser obtido no site <http://www.presidencia.gov.br/legislacao>.

14

Exercícios complementares

As questões selecionadas a seguir foram elaboradas pelo autor para diversos concursos públicos em âmbito nacional. Sua inclusão neste livro possibilita a abrangência de conteúdo e a particularização por cada professor, de acordo com a necessidade do grupo com que trabalha. Divididas por grupo, as questões têm sempre como referencial um ou mais textos que lhes dão sustentação.

Grupo A

Foto dos sonhos

O engenheiro colombiano Joaquín Sarmiento trabalhava em Nova York e se sentia, muitas vezes, solitário. Era mais um daqueles imigrantes nostálgicos. Para ocupar as horas vagas, decidiu aprender fotografia. Estava, nesse momento, descobrindo um novo ângulo para a sua vida, sem volta. A vontade de se aventurar pela América Latina tirando fotos fez com que ele deixasse para sempre a paisagem nova-iorquina, aposentasse sua carreira de engenheiro e transformasse Paraisópolis, uma das maiores favelas paulistanas, em seu cenário cotidiano. "Estou ficando sem dinheiro, mas é uma bela aventura."

Depois de três anos nos Estados Unidos, voltou para Bogotá, planejando trabalhar em obras de infra-estrutura. Mudou de idéia. Com 26 anos, percebeu que o hobby que tinha adquirido em Nova York se convertera em paixão. No final de 2004, veio com sua família para duas semanas de férias em São Paulo. "Como sempre tive muito interesse em estudar a América Latina, fui ficando." Soube então de uma experiência desenvolvida pelo colégio Miguel de Cervantes, criado por espanhóis, na vizinha Paraisópolis.

Continua

> Lá, alunos ajudaram a criar um centro cultural batizado de "Barracão dos Sonhos", no qual se misturam ritmos afros e ibéricos. Desse encontro nasceu, por exemplo, a estranha mistura dos ritmos e bailados flamencos com o samba. "Resolvi registrar esse convívio e, aos poucos, ia me embrenhando na favela para conhecer seus personagens."
>
> O que era, inicialmente, para ser um cenário fotográfico virou uma espécie de laboratório pessoal. Joaquín sentiu-se estimulado a dar oficinas de fotografia a jovens e crianças de Paraisópolis. "Descobri mais um ângulo das fotos: o ângulo de ensinar a olhar." Lentamente, naquele espaço, temido por muitos, Joaquín ia se sentindo em casa. "Há um jeito muito similar de acolhimento dos latino-americanos, apesar de toda a violência."
>
> Sem saber ainda direito como vai sobreviver — "as reservas que acumulei em Nova York estão indo embora" —, ele planeja as próximas paradas pela América do Sul. Mas, antes de se despedir, pretende fazer uma exposição sobre o seu olhar pelo Brasil. Até lá, está aproveitando a internet (www.joaquinsarmiento.com) para mostrar algumas das imagens fotográficas que documentam seus trajetos.
>
> *Gilberto Dimenstein*
> *Folha de S. Paulo*, 12 abr. 2006

1. O texto é do tipo:
a) descritivo.
b) dissertativo.
c) epistolar.
d) narrativo.
e) oratório.

2. Assinale a alternativa em que o trecho do texto de certa forma antecipe o último parágrafo.
a) "O engenheiro colombiano Joaquín Sarmiento trabalhava em Nova York e se sentia, muitas vezes, solitário."
b) "Para ocupar as horas vagas, decidiu aprender fotografia."

c) "Estava, nesse momento, descobrindo um novo ângulo para a sua vida, sem volta."

d) "Depois de três anos nos Estados Unidos, voltou para Bogotá, planejando trabalhar em obras de infra-estrutura."

e) "No final de 2004, veio com sua família para duas semanas de férias em São Paulo."

3. É possível inferir, pela leitura do texto, que:

a) o autor estava em São Paulo quando o escreveu.

b) o interesse do colombiano por fotografia começou em Bogotá.

c) os espanhóis avisaram o colombiano da existência do colégio Miguel de Cervantes.

d) ao sair de Nova York, Joaquín já pensava em ensinar fotografia.

e) as obras de infra-estrutura que Joaquín realizou em Bogotá possibilitaram sua viagem a São Paulo.

4. "Sem saber ainda direito como vai sobreviver — 'as reservas que acumulei em Nova York estão indo embora' —, ele planeja as próximas paradas pela América do Sul."

O trecho entre travessões indica:

a) uma contradição.

b) uma exemplificação.

c) uma explicação.

d) uma explicitação.

e) um questionamento.

5. "Descobri mais um ângulo das fotos: o ângulo de ensinar a olhar."

A palavra *ângulo* na frase acima assume o significado de:

a) aresta.

b) extremidade.

c) ponto de vista.

d) posição.

e) possibilidade.

Grupo B

Texto I

Esquerda e direita no Brasil, hoje

Ninguém pode pretender negar diversos progressos no movimento da história. A humanidade, hoje, se beneficia de conquistas importantes na área da medicina, por exemplo. Podemos ser operados com anestesia, suavizar dores com analgésicos. Dispomos de meios de transporte rapidíssimos, helicópteros, aviões. Nossas casas têm luz elétrica, água encanada, esgoto. Vemos filmes, acompanhamos seriados na TV, ouvimos rádio. E, cada vez mais, utilizamos os computadores, a internet.

Tal como está organizada, a sociedade gira em torno do mercado, de acordo com um sistema que alguns chamam de "economia de mercado", e outros, de "capitalismo". Até hoje, não surgiu nenhum sistema tão capaz de fazer crescer a economia. As experiências feitas em nome do socialismo não manifestaram força própria suficiente para competir, no plano do crescimento econômico, com o capitalismo.

O modo de produção capitalista não tem vocação suicida, e nada indica que ele esteja a ponto de morrer de morte natural. Seus representantes na arena política recorrem à repressão quando necessário e fazem concessões quando conveniente. Os trabalhadores têm feito conquistas significativas, do século 20 para cá; visivelmente não sentem saudades do tempo em que eram obrigados a jornadas de trabalho de 12 horas.

Parte dos trabalhadores — mais que no passado — chega mesmo a integrar-se à burguesia. Esse, porém, é um caminho que só pode ser percorrido por poucos. Alguns progridem. Faz parte da lógica do sistema, contudo, que as massas permaneçam excluídas. A cooptação de setores da representação política das classes médias está sendo mais resoluta, mais eficiente. O individualismo característico dessas confusas camadas intermediárias as torna muito vulneráveis à sedução das classes dominantes.

Continua

Temos uma situação histórica favorável ao bloco conservador. Nas atuais condições, a direita vem administrando suas contradições internas. A política econômica do governo do PT, as posições neoliberais do PSDB e as diferentes tendências reunidas no PMDB tranqüilizaram a direita nos últimos anos. Tanto no PT como no PSDB e no PMDB os líderes posicionados um pouco mais à esquerda (não quer dizer que eles sejam de esquerda) foram marginalizados.

A esquerda está desarticulada. O naufrágio da União Soviética não arrastou só os partidos comunistas: mais de 15 anos se passaram, e o estilhaçamento ainda afeta dolorosamente diversas organizações socialistas.

No Brasil, o quadro é complexo, angustiante. Há pessoas de esquerda no PT, no PCdoB, no PSB, no PDT e até no PSDB. Há muita gente de esquerda circunstancialmente sem partido. E há a valente iniciativa da senadora Heloísa Helena, o PSOL. Mas ainda não há um programa alternativo maduro que se contraponha à euforia do programa conservador, aplicado por gente que foi de esquerda e aplaudido pela direita.

Nas atuais condições em que exerce a sua hegemonia, a direita "moderada" conseguiu infiltrar seus critérios no discurso da esquerda "moderada". Os "moderados" dão o estilo. O conteúdo é dado pela "leitura" oficial da economia.

Antigamente, eram os marxistas que polemizavam em torno da economia, apoiados no "materialismo histórico". Alguns chegaram a falar num "materialismo econômico". Tinham a convicção de que estavam na crista de uma onda que os empurrava inexoravelmente para adiante, para promover a transformação das relações de produção e o crescimento das forças produtivas.

A fé determinista na dinâmica da economia contribuiu para que a esquerda tradicional, despreparada, sofresse contundentes derrotas. Duras lições da história política convenceram a esquerda a conviver com sua diversidade interna, em sua luta pela ampliação das liberdades e pela superação das desigualdades.

A economia é um nível essencial da realidade histórica; nela, os seres humanos agem, fazem escolhas, tomam iniciativas. Não há nada de inexorável em seus movimentos. Os marxistas se dispuseram, então, a discutir

Continua

as motivações dos sujeitos que modificam a realidade objetiva. Passaram a debater idéias extraídas de Gramsci, Lukács, Adorno.

Curiosamente, no momento em que os marxistas (e, com eles, a esquerda em geral) sublinhavam a significação crucial dos valores, da ética, a direita assumia a centralidade da economia e passava a acreditar que possuía a chave da compreensão correta (e da solução) dos problemas que nos afligem no presente.

Essa chave é o instrumento simbólico mais eficiente da ideologia dominante (que, como dizia Marx, é sempre a ideologia das classes dominantes): é ela que insiste em nos convencer que as desigualdades sociais são naturais, que não há alternativa para o capitalismo, que o socialismo já foi tentado e fracassou. É ela que sustenta que as liberdades precisam se enraizar nas elites para depois, lentamente, chegar ao povão. Empunhando a chave, com a costumeira cara-de-pau, a direita pede paciência aos trabalhadores e promete que, com o tempo, eles vão se beneficiar de melhores condições materiais de cidadania, tal como aconteceu com as conquistas da medicina, os aviões e os computadores, que demoraram, mas vieram.

Permito-me perguntar: vieram mesmo?

Leandro Konder
Folha de S. Paulo, 13 abr. 2006

1. Assinale a alternativa que apresente comentário pertinente ao texto I.
a) O texto apresenta um desabafo a respeito da situação política do Brasil, apontando, perspicazmente, por comparação, os motivos por que não teria êxito a instauração de um regime socialista.
b) O texto discorre sobre a situação histórico-política internacional, objetivando analisar especificamente o caso brasileiro no tocante à falta de espaço para o surgimento de partidos políticos renovadores, capazes de revelar o discurso falho da extrema direita.
c) O texto reafirma a ineficácia do socialismo como forma de governo e aponta, no capitalismo, tanto no cenário internacional quanto no doméstico, a supremacia dos blocos moderados, de esquerda e direita, ditando falaciosamente a democracia ao povão.

d) O texto aponta, no cenário político doméstico, o processo de desarticulação da esquerda, como resultado do fim do modelo socialista e da supremacia da direita ao ditar a interpretação da economia.

e) O texto questiona se os valores apontados como conquistas pela direita de fato aconteceram, observando que a interpretação falaciosa da realidade atraiu antigos esquerdistas a sobejarem teorias que explicassem as falhas no processo democrático historicamente.

2. O nono parágrafo, em relação ao oitavo, apresenta-se como:
a) explicação.
b) exemplificação.
c) complemento.
d) desdobramento.
e) oposição.

3. A expressão *na crista de uma onda* tem origem no registro:
a) burocrático.
b) culto.
c) inculto.
d) informal.
e) regional.

4. "Parte dos trabalhadores — mais que no passado — chega mesmo a integrar-se à burguesia."

O travessão no trecho acima introduz:
a) um aposto.
b) um questionamento.
c) um comentário.
d) uma explicitação.
e) uma ressalva.

5. A palavra *inexorável* só **não** pode ser substituída, no texto I, sob pena de alteração de sentido, por:
a) implacável.
b) indelével.

c) inelutável.
d) perituro.
e) sempiterno.

6. "Podemos ser operados *com* anestesia, suavizar dores *com* analgésicos."
   As duas ocorrências da preposição *com* no trecho acima expressam, respectivamente, o sentido de:
   a) meio e modo.
   b) meio e meio.
   c) modo e meio.
   d) modo e modo.
   e) companhia e instrumento.

7. "O modo de produção capitalista não tem vocação suicida, e nada indica que ele esteja a ponto de morrer de morte natural."
   No trecho acima, utilizou-se corretamente a vírgula antes da conjunção "e". Assinale a alternativa em que isso NÃO tenha ocorrido.
   a) Você deve sair antes de anoitecer, e antes de acenderem as luzes, e antes de fecharem o comércio.
   b) Ele muito se esforçou para a realização daquele projeto, e acabou não sendo bem-sucedido.
   c) Os irmãos compreendiam-se mutuamente, e, portanto, respeitavam-se.
   d) A expedição encontrou um grupo perdido, e todos voltaram juntos.
   e) A maioria dos estudantes aprovou a proposta, e seus pais acataram a decisão.

8. Em *cara-de-pau*, utilizou-se corretamente o hífen, por se tratar de substantivo composto.
   Nas alternativas a seguir, há uma palavra que não foi grafada corretamente, por ausência de hífen. Assinale-a.
   a) arquiinimigo
   b) socioeconômico
   c) subempregado
   d) extraordinário
   e) extraoficial

Grupo C

Texto I

As time goes by

Conheci Rick Blaine em Paris, não faz muito. Ele tem uma espelunca perto da Madeleine que pega todos os americanos bêbados que o Harry's Bar expulsa. Está com 70 anos, mas não parece ter mais que 69. Os olhos empapuçados são os mesmos mas o cabelo se foi e a barriga só parou de crescer porque não havia mais lugar atrás do balcão. A princípio ele negou que fosse Rick.

— Não conheço nenhum Rick.
— Está lá fora. Um letreiro enorme. Rick's Café Americain.
— Está? Faz anos que não vou lá fora. O que você quer?
— Um *bourbon*. E alguma coisa para comer.

Escolhi um sanduíche de uma longa lista e Rick gritou o pedido para um negrão na cozinha. Reconheci o negrão. Era o pianista do café do Rick em Casablanca. Perguntei por que ele não tocava mais piano.

— Sam? Porque só sabia uma música. A clientela não agüentava mais. Ele também faz sempre o mesmo sanduíche. Mas ninguém vem aqui pela comida.

Cantarolei um trecho de *As time goes by*. Perguntei:
— O que você faria se ela entrasse por aquela porta agora?
— Diria: "Um chazinho, vovó?" O passado não volta.
— Voltou uma vez. De todos os bares do mundo, ela tinha que escolher logo o seu, em Casablanca, para entrar.
— Não volta mais.

Mas ele olhou, rápido, quando a porta se abriu de repente. Era um americano que vinha pedir-lhe dinheiro para voltar aos Estados Unidos. Estava fugindo de Mitterrand. Rick o ignorou. Perguntou o que eu queria além do *bourbon* e do sanduíche do Sam, que estava péssimo.

— Sempre quis saber o que aconteceu depois que ela embarcou naquele avião com Victor Laszlo e você e o inspetor Louis se afastaram, desaparecendo no nevoeiro.

Continua

— Passei quarenta anos no nevoeiro — respondeu ele. Objetivamente, não estava disposto a contar muita coisa.

— Eu tenho uma tese.

Ele sorriu.

Mais uma...

— Você foi o primeiro a se desencantar com as grandes causas. Você era o seu próprio território neutro. Victor Laszlo era o cara engajado. Deve ter morrido cedo e levado alguns outros idealistas como ele, pensando que estavam salvando o mundo para a democracia e os bons sentimentos. Você nunca teve ilusões sobre a humanidade. Era um cínico. Mas também era um romântico. Podia ter-se livrado de Laszlo aos olhos dela. Por quê?

— Você se lembra do rosto dela naquele instante?

Eu me lembrava. Mesmo através do nevoeiro, eu me lembrava. Ele tinha razão. Por um rosto daqueles a gente sacrifica até a falta de ideais.

A porta se abriu de novo e nós dois olhamos rápido. Mas era apenas outro bêbado.

Luis Fernando Veríssimo

---

1. O texto I pode ser classificado como:

a) conto.

b) crônica.

c) drama.

d) epístola.

e) fábula.

2. Assinale a alternativa que apresente comentário pertinente a respeito do texto I.

a) O texto apresenta uma passagem autobiográfica do autor, como pode ser comprovado pela referência a lugares reais por que ele passou.

b) A narrativa é simbólica, com um pano de fundo que pretende construir uma alegoria da repressão política no Brasil.

c) Com base na ficção, o autor desenvolve uma narrativa de difícil compreensão para o leitor, uma vez que pouquíssimas pessoas conhecem os personagens e a música citados.
d) A partir de uma referência cultural no mundo ocidental, o texto cria ironicamente uma extensão da ficção original.
e) O texto apresenta um reencontro de dois amigos que, no passado, mantinham admiração pela mesma mulher, que acabou fugindo com um terceiro.

3. Quando o narrador diz "Mais uma...", é possível depreender que essa frase:
a) representa o que Rick quis expressar com seu sorriso.
b) estrutura uma ironia em relação ao narrador, que nitidamente gostava de criar suposições.
c) extrapola o conteúdo do texto, representando uma crítica ao fato de o narrador se intrometer demais na particularidade do personagem Rick.
d) revela que o narrador já não mais estava suportando aquele diálogo.
e) quebra o ritmo da narrativa, como forma de surpreender o leitor com um fato incoerente com o que vinha sendo contado.

4. "Perguntei *por que* ele não tocava mais piano."
Assinale a alternativa correta acerca do uso do *por que* na frase acima.
a) A forma está correta, pois corresponde à preposição POR + o pronome relativo QUE.
b) A forma está correta, pois é uma conjunção, sendo, nesse caso, sempre grafada como duas palavras.
c) A forma está correta, pois equivale a "por qual razão", caracterizando uma pergunta indireta.
d) A forma está incorreta, pois a forma com duas palavras só se usa em perguntas. O correto seria PORQUE.
e) A forma está incorreta, pois, embora seja grafada com duas palavras, a forma QUE deveria levar acento circunflexo.

5. "Os olhos empapuçados são os mesmos mas o cabelo se foi e a barriga só parou de crescer porque não havia mais lugar atrás do balcão."

Assinale a alternativa que ofereça pontuação igualmente correta para o trecho acima.
a) Os olhos empapuçados são os mesmos, mas o cabelo se foi, e a barriga só parou de crescer porque não havia mais lugar atrás do balcão.
b) Os olhos empapuçados, são os mesmos mas o cabelo se foi e a barriga só parou de crescer, porque não havia mais lugar atrás do balcão.
c) Os olhos empapuçados são os mesmos, mas o cabelo, se foi, e a barriga só parou de crescer porque não havia mais lugar, atrás do balcão.
d) Os olhos empapuçados são os mesmos mas, o cabelo, se foi e a barriga, só parou de crescer, porque não havia mais lugar atrás do balcão.
e) Os olhos empapuçados são os mesmos, mas o cabelo se foi, e a barriga, só parou de crescer porque não havia mais lugar, atrás do balcão.

6. "Estava fugindo de Mitterrand."
O período acima tem o papel de:
a) explicação da terceira oração do período anterior.
b) causa da terceira oração do período anterior.
c) explicação da segunda oração do período anterior.
d) causa da primeira oração do período anterior.
e) explicação da primeira oração do período anterior.

7. "Você era o seu próprio território neutro. Victor Laszlo era o cara engajado."
Os períodos destacados acima poderiam ser ligados, sem necessidade de se efetuarem alterações e sem provocar prejuízo de sentido, por:
a) portanto.
b) embora.
c) não obstante.
d) por outro lado.
e) logo.

8. Em "Você se lembra do rosto dela naquele instante?", obedeceu-se às regras de regência verbal.
Assinale a alternativa em que isso **não** tenha ocorrido.
a) Prefiro questões de gramática do que de interpretação.
b) Aspiraram à vaga de piloto da companhia aérea.

c) Os médicos assistiram o paciente.
d) Perdoamos-lhes as dívidas.
e) Pagaram-lhe bem.

9. Em *agüentava*, utilizou-se corretamente o trema. Assinale a alternativa em que isso não tenha ocorrido.
a) argüição
b) conseqüência
c) distingüir
d) lingüiça
e) qüinqüênio

Grupo D

Texto I

A mulher madura

O rosto da mulher madura entrou na moldura de meus olhos.

De repente, a surpreendo num banco olhando de soslaio, aguardando sua vez no balcão. Outras vezes ela passa por mim na rua entre os camelôs. Vezes outras a entrevejo no espelho de uma joalheria. A mulher madura, com seu rosto denso esculpido como o de uma atriz grega, tem qualquer coisa de Melina Mercouri ou de Anouke Aimé.

Há uma serenidade nos seus gestos, longe dos desperdícios da adolescência, quando se esbanjam pernas, braços e bocas ruidosamente. A adolescente não sabe ainda os limites de seu corpo e vai florescendo estabanada. É como um nadador principiante, faz muito barulho, joga muita água para os lados. Enfim, desborda.

A mulher madura nada no tempo e flui com a serenidade de um peixe. O silêncio em torno de seus gestos tem algo do repouso da garça sobre o lago. Seu olhar sobre os objetos não é de gula ou de concupiscência. Seus olhos não violam as coisas, mas as envolvem ternamente. Sabem a distância entre seu corpo e o mundo.

Continua

A mulher madura é assim: tem algo de orquídea que brota exclusiva de um tronco, inteira. Não é um canteiro de margaridas jovens tagarelando nas manhãs.

A adolescente, com o brilho de seus cabelos, com essa irradiação que vem dos dentes e dos olhos, nos extasia. Mas a mulher madura tem um som de adágio em suas formas. E até no gozo ela soa com a profundidade de um violoncelo e a sutileza de um oboé sobre a campina do leito.

A boca da mulher madura tem uma indizível sabedoria. Ela chorou na madrugada e abriu-se em opaco espanto. Ela conheceu a traição e ela mesma saiu sozinha para se deixar invadir pela dimensão de outros corpos. Por isso, as suas mãos são líricas no drama e repõem no seu corpo um aprendizado da macia paina de setembro e abril.

O corpo da mulher madura é um corpo que já tem história. Inscrições se fizeram em sua superfície. Seu corpo não é como na adolescência uma pura e agreste possibilidade. Ela conhece seus mecanismos, apalpa suas mensagens, decodifica as ameaças numa intimidade respeitosa.

Sei que falo de uma certa mulher madura localizada numa classe social, e os mais politizados têm que ter condescendência e me entender. A maturidade também vem à mulher pobre, mas vem com tal violência, que o verde se perverte e sobre os casebres e corpos tudo se reveste de um marrom tristeza.

Na verdade, talvez a mulher madura não se saiba assim inteira ante seu olho interior. Talvez a sua aura se inscreva melhor no olho exterior, que a maturidade é também algo que o outro nos confere, complementarmente. Maturidade é essa coisa dupla: um jogo de espelhos revelador.

Cada idade tem seu esplendor. É um equívoco pensá-lo apenas como um relâmpago de juventude, um brilho de raquetes e pernas sobre as praias do tempo. Cada idade tem seu brilho e é preciso que cada um descubra o fulgor do próprio corpo.

A mulher madura está pronta para algo definitivo.

Merece, por exemplo, sentar-se naquela praça de Siena à tarde acompanhando com o complacente olhar o vôo das andorinhas e as crianças a brincar. A mulher madura tem esse ar de que, enfim, está pronta para ir à Grécia. Descolou-se da superfície das coisas. Merece profundidades. Por

Continua

isso, pode-se dizer que a mulher madura não ostenta jóias. As jóias brotaram de seu tronco, incorporaram-se naturalmente ao seu rosto, como se fossem prendas do tempo.

A mulher madura é um ser luminoso e repousante às quatro horas da tarde, quando as sereias se banham e saem discretamente perfumadas com seus filhos pelos parques do dia. Pena que seu marido não note, perdido que está nos escritórios e mesquinhas ações nos múltiplos mercados dos gestos. Ele não sabe, mas deveria voltar para casa tão maduro quanto Yves Montand e Paul Newman, quando nos seus filmes.

Sobretudo, o primeiro namorado ou o primeiro marido não sabem o que perderam em não esperá-la madurar. Ali está uma mulher madura, mais que nunca pronta para quem a souber amar.

Affonso Romano de Sant'Anna

1. Com base na leitura do texto I, **não** é correto afirmar que:
a) a mulher madura, diferentemente das adolescentes, alcançou uma esfera de vida em que não lhe bastam frivolidades.
b) a mulher madura deixou de ter seu corpo como uma possibilidade, transformando-o em sua experiência.
c) a maturidade da mulher é mais nítida aos outros que a si mesma.
d) a tônica do texto é a melancolia que se abate sobre a mulher com o alcance da maturidade, embora seja, para outros, motivos de felicidade.
e) as adolescentes têm igualmente sua graça, mas distinta da das mulheres maduras.

2. Para descrever a mulher madura, o autor se utiliza de uma introdução com base:
a) epistolar.
b) narrativa.
c) dissertativa.
d) jornalística.
e) ensaística.

3. No nono parágrafo, o autor intervém com:
a) um lamento.
b) uma admoestação.
c) uma crítica.
d) uma reprimenda.
e) uma ressalva.

4. Por *concupiscência*, **não** se entende:
a) anelação.
b) anelo.
c) cobiça.
d) cupidez.
e) renúncia.

5. A expressão *olhando de soslaio* significa olhar:
a) curiosamente.
b) desconfiadamente.
c) espantosamente.
d) obliquamente.
e) sensualmente.

6. "*Outras vezes* ela passa por mim na rua entre os camelôs. *Vezes outras* a entrevejo no espelho de uma joalheria."
No trecho acima, a inversão das palavras grifadas não provocou alteração de sentido. Assinale a alternativa em que a inversão dos termos provoca alteração gramatical e semântica.
a) novos papéis / papéis novos
b) várias idéias / idéias várias
c) lúcidas lembranças / lembranças lúcidas
d) tristes dias / dias tristes
e) poucas oportunidades / oportunidades poucas

7. Segundo a lógica do texto I:
a) um Yves Montand sempre espera uma Melina Mercouri.
b) um Yves Montand não merece uma Anouke Aimé.
c) uma Anouke Aimé de certa forma espera um Yves Montand.

d) uma Melina Mercouri jamais terá um Paul Newman.
e) uma Anouke Aimé não faz questão de um Paul Newman.

8. Em *à tarde, à Grécia* e *às quatro horas da tarde*, utilizou-se corretamente o acento indicativo da crase.
   Assinale a alternativa em que isso **não** tenha ocorrido.
   a) Dirigimo-nos a Fortaleza dos nossos antepassados.
   b) Eles se referiram às horas que passamos juntos.
   c) Sempre nos falamos à noite.
   d) Eles se encontraram à uma hora da manhã.
   e) A ida à Itália fez bem aos noivos.

9. Assinale a alternativa em que a palavra **não** possa substituir *sobretudo* sob pena de provocar prejuízo semântico.
   a) mormente
   b) principalmente
   c) especialmente
   d) fortuitamente
   e) maiormente

10. "A adolescente, com o brilho de seus cabelos, com essa irradiação que vem dos dentes e dos olhos, nos extasia. Mas a mulher madura tem um som de adágio em suas formas. E até no gozo ela soa com a profundidade de um violoncelo e a sutileza de um oboé sobre a campina do leito."
    No trecho acima, predominam algumas funções da linguagem. Entre elas, estão as funções:
    a) emotiva e metalingüística.
    b) poética e apelativa.
    c) referencial e poética.
    d) fática e conativa.
    e) emotiva e fática.

11. No trecho *o primeiro namorado ou o primeiro marido não sabem*, o verbo foi flexionado corretamente no plural, observando o caso de sujeito composto com núcleos ligados por OU.

Assinale a alternativa em que, no mesmo caso, a flexão do verbo **não** seria possível.
a) Esperávamos que ele ou o irmão viessem nos apanhar.
b) Umidade intensa ou ressecamento excessivo não nos fazem bem.
c) João Carlos ou Pedro se casariam com Marta.
d) O jornal ou a revista podem apresentar detalhadamente a notícia.
e) Podem ser entregues o original do documento ou sua cópia.

Grupo E

Texto I

Na seara da linguagem

É curioso que, sendo a linguagem uma faculdade inerente aos humanos, dela tenhamos ainda um conhecimento muito imperfeito. Quero referir-me à linguagem propriamente dita, e não ao uso do termo em aplicações metafóricas ou de sentido extensivo, quando nos referimos à linguagem dos gestos, das cores, dos sinais de trânsito e correlatos.

O primeiro engano é o que nos leva a reduzir a linguagem ao domínio da língua, isto é, penetrar nos domínios da linguagem é limitar-se a saber uma língua.

Desde cedo, precisamos nos convencer de que não falamos só com a língua; há a necessidade de cultivar outros saberes, tão importantes e necessários para cumprir a função primeira da linguagem, que é a comunicação entre pessoas, presentes ou ausentes.

Não existe entre os diferentes saberes um mais importante que o outro, já que todos concorrem para a perfeita comunicação, traduzindo conhecimentos, notícias, desejos, sentimentos, ordens e o que nos vai no espírito e na alma.

Continua

> Está claro — e os antigos já a punham em primeiro lugar na grade curricular mais antiga do Ocidente — que a gramática é a que precisamos dominar antes das demais, não porque seja a mais importante, mas sim a que serve de instrumental, de matéria-prima para a exteriorização dos outros saberes. Por gramática, não me refiro ao compêndio gramatical, a uma descrição do falar, e sim a uma técnica, a um saber falar, instituído por uma tradição.
>
> (...)
>
> *Evanildo Bechara*
> Língua Portuguesa, v. 1, n. 2, out./nov. 2005

1. "É curioso que, *sendo a linguagem uma faculdade inerente aos humanos*, dela tenhamos ainda um conhecimento muito imperfeito."
   Assinale a alternativa que poderia substituir a oração grifada no trecho acima sem prejuízo de natureza gramatical ou semântica.
   a) como é a linguagem uma faculdade inerente aos humanos
   b) enquanto seja a linguagem uma faculdade inerente aos humanos
   c) porquanto seja a linguagem uma faculdade inerente aos humanos
   d) embora seja a linguagem uma faculdade inerente aos humanos
   e) se fosse a linguagem uma faculdade inerente aos humanos

2. Em "Quero referir-me à linguagem propriamente dita...", usou-se corretamente o acento grave que indica o fenômeno da crase. Assinale a alternativa em que tenha ocorrido equívoco no seu emprego, por acréscimo ou omissão.
   a) O curso vai de 7h a 11h.
   b) Sempre que nos falamos face a face melhor nos entendemos.
   c) Vamos à Santa Catarina dos nossos antepassados.
   d) Gostamos de bife a cavalo.
   e) A mãe do aluno à qual encontramos ontem nos entregou os documentos.

3. Assinale a alternativa em que a preposição tenha valor semântico diferente do que ocorre em "instituído **por** uma tradição".
a) Ele tinha agido por amor.
b) A ilha estava cercada de tubarões.
c) Ele foi levado pelas ondas.
d) Ele encontrou o ambiente infestado de insetos.
e) O episódio registrado pelos nossos olhos foi estarrecedor.

4. A palavra *matéria-prima* foi grafada corretamente, com hífen, por se tratar de um substantivo composto. Também se emprega o hífen com prefixos em algumas situações vocabulares.
Assinale a alternativa em que houve erro na grafia da palavra por ausência de hífen.
a) socioeconômico
b) antiinflamatório
c) subumano
d) malsucedido
e) ultrassonografia

5. Em "não *porque* seja a mais importante", foi empregado corretamente o "porquê". Como isso constitui uma grande dificuldade ao se compor um texto escrito, é essencial que todos saibam suas regras.
Assinale a alternativa em que tenha havido erro no emprego de uma das formas do porquê.
a) Os alunos perguntam por quê, e os professores respondem.
b) Sabemos a razão por que fomos escolhidos.
c) Porque fomos os escolhidos vamos deixar os outros à deriva?
d) Ele nem se manifestou, por quê?
e) Os alunos sempre querem saber porque, dentre tantos assuntos, justo aquele foi cair na prova.

6. As imagens a seguir são, respectivamente, dos pintores J. Segura, Cândido Portinari e Alberto Godoy.

Imagem 1    Imagem 2    Imagem 3

Não é correto afirmar, pela leitura das imagens 1, 2 e 3, que:
a) a imagem 1, em comparação com a 2 e a 3, apresenta traços realistas de representação.
b) as imagens 2 e 3 trazem indícios de sensualidade.
c) a imagem 2 apresenta uma figura de mulher personalizada.
d) a imagem 3 tem intenção caricatural.
e) somente na imagem 1 a figura humana aparece descontextualizada de ambiente.

Grupo F

Texto I

Casa da Leitura Chico Mendes

Pense num bairro de periferia, numa rua ainda de barro, numa pré-escola de terra batida, sob um teto de amianto que já foi abrigo de aves, mas imagine uma vizinhança de gente simpática, prestimosa, desejosa de novos horizontes na vida e você localiza em Rio Branco, no bairro Chico Mendes, uma rua Gregório Filho, cruzamento com a rua do Angico, onde foi inaugurada a segunda Casa de Leitura da capital.

Continua

A Casa de Leitura Chico Mendes, cuidada como se fosse uma casa de encantamentos, tem cerca, canteiros verdes, goiabeiras e cupuaçuzeiro; a partir de hoje tem dez novas seringueiras que em 15 anos vão estar chovendo sementes no quintal, como hoje, as do Theatro Helio Melo. Uma varanda aberta, acolhedora, envolve a casinha de madeira reformada, com cortinas de chita nas janelas e cadeira de vime ao lado das redes de balanço coloridas. *Pepetas* no beiral anunciam para a criançada que ali mora a liberdade de voar... com o pensamento!

No único salãozinho de leitura, uma roda central em tronco grosso de madeira pende como um candelabro, baixo, ao alcance das mãos e olhos ávidos, curiosos, remexendo o acervo dos livros expostos... Nos cantos, troncos naturais polidos e cortados sustentam outras coleções como mesas de apoio, enquanto os muito pequenos, sentados lado a lado em esteiras de palha de bananeira, rolam as páginas coloridas.

Na pirâmide de caixotes em que se guardam os livros, culmina uma miniatura da casa de Chico Mendes em Xapuri. Do outro lado sua foto, sorridente, vivo, dialoga com suas imagens do primeiro Prêmio Chico Mendes de Cultura. Uma sala com Internet convida os jovens a outras leituras, com CDs, música e plástica.

Foi comovente acompanhar o hasteamento das bandeiras, por um senador da República, Tião Viana, pela presidente do Comitê Chico Mendes e pela diretora da Associação de Moradores, sob as vozes e batuque das crianças do Som da Floresta. O mate gelado corria sem pressa, e os vizinhos, convidados e imprensa se misturavam para ouvir histórias, receber a bênção e acompanhar os brevíssimos discursos. Antes de começar a festa, os vizinhos já tinham tomado conta da Casa, na alegria deste sinal de vida nova...

Esse exemplo de união pela cidadania deveria mover muitas vezes o poder público, o empresariado, os artistas e a comunidade para semear Casas da Leitura pelo Acre como seringueiras e castanheiras.

Eliana Yunes[12]

---

[12] Eliana Yunes é idealizadora e primeira coordenadora do Programa Nacional de Leitura (Proler), da Fundação Biblioteca Nacional. Texto disponível em: <http://www.ac.gov.br/secom/noticias/jan2005/n01_25jan2005.html>. Acesso em: 19 mar. 2006.

1. Assinale a alternativa que relacione corretamente os parágrafos à natureza textual predominante.

	Parágrafos				
	2º	3º	4º	5º	6º
A	dissertativo	dissertativo	dissertativo	narrativo	descritivo
B	descritivo	descritivo	descritivo	narrativo	dissertativo
C	narrativo	dissertativo	descritivo	descritivo	narrativo
D	descritivo	narrativo	narrativo	descritivo	dissertativo
E	dissertativo	descritivo	narrativo	dissertativo	descritivo

2. "Pense num bairro de periferia, (...) mas imagine uma vizinhança de gente simpática, (...) e você localiza em Rio Branco (...)."
   Assinale a alternativa em que, passando-se a forma *você* para *vós*, as alterações foram efetuadas seguindo a norma culta.
   a) Pensais num bairro de periferia, (...) mas imaginais uma vizinhança de gente simpática, (...) e vós localizais em Rio Branco (...).
   b) Pensai num bairro de periferia, (...) mas imaginai uma vizinhança de gente simpática, (...) e vós localizai em Rio Branco (...).
   c) Penseis num bairro de periferia, (...) mas imagineis uma vizinhança de gente simpática, (...) e vós localizais em Rio Branco (...).
   d) Penseis num bairro de periferia, (...) mas imagineis uma vizinhança de gente simpática, (...) e vós localizeis em Rio Branco (...).
   e) Pensai num bairro de periferia, (...) mas imaginai uma vizinhança de gente simpática, (...) e vós localizais em Rio Branco (...).

3. "...a partir de hoje tem dez novas seringueiras que em 15 anos vão estar chovendo sementes no quintal..."
   No trecho acima, utilizou-se o verbo impessoal *chover* em sentido metafórico, possibilitando a existência de sujeito (*seringueiras*).
   Assinale a alternativa em que o verbo impessoal tenha igualmente sido utilizado em sentido metafórico.
   a) Eles fizeram 30 anos de casados.
   b) Havia 30 pessoas presentes.

c) Choveu uma chuva fininha.
d) Ontem à noite trovejou muito.
e) Existem muitos casos a resolver.

4. No vocábulo *pré-escola*, o prefixo *pré* mantém-se separado por hífen. Assinale a alternativa cuja palavra, contendo esse mesmo prefixo, **não** tenha sido grafada na forma preferida atualmente.
a) preestabelecer
b) predeterminar
c) pré-estréia
d) pré-existência
e) pré-matrícula

5. O pronome *Esse* tem, no texto I, valor:
a) díctico.
b) catafórico.
c) anafórico.
d) metafórico.
e) resumitivo.

Texto II

Bóias de luz

Ah... essas palavras banais
Dos boleros sensuais
São verdades diárias
São dores tão normais

Ah... esses rostos comuns de tanta gente
São como bóias de luz apagadas temporariamente

O meu olhar desconhece a paisagem
E só procura saber
O que não mostram as vitrines

Continua

> Um sorriso de mulher
> Um pedido de cigarro
> Um telefone enguiçado
> Emudecendo um recado de amor
>
> Uma sanfona modesta chora escondida
> Pelos tapumes febris das construções
>
> E assim de retalho em retalho
> Se tece a dor dos boleros
> E das ruas da cidade
>
> *Sueli Costa e Abel Silva*

6. Assinale a alternativa que contenha comentário pertinente à leitura do texto II.
a) O texto delimita uma paisagem citadina como pano de fundo para os boleros, longe do universo alienante das vitrines, possibilitando o encontro dos amantes que sofrem pela distância.
b) O texto expressa uma trajetória poética de fuga da realidade por meio do universo soturno dos boleros, em que a dor de amor é impossível de ser abordada.
c) O texto estabelece um paralelo entre o tom melancólico dos boleros e a condição prosaica e cotidiana dos males do amor.
d) O texto funde as imagens da cidade com as dores do bolero numa tentativa de representar o aspecto irreal e inverossímil do universo romântico.
e) O texto aproxima o bolero das músicas expressivas do meio urbano, em que a questão do crescimento exagerado afasta as pessoas, colocando-as numa nostalgia profunda.

7. As dificuldades gráficas constituem um grande entrave à boa comunicação escrita, podendo gerar desvios da intenção de comunicação original. Assinale a alternativa em que **não** haja inconsistência gráfica ou semântica.
a) Ele mora há cerca de 10 minutos do Centro.
b) Votamos naquele presidente pois suas ações viriam ao encontro de nossas expectativas.
c) Como tinha corrido muito, chegou espavorido ao trabalho.

d) Embora fosse importante, o evento passou desapercebido.
e) O mandado do deputado será suspenso.

8. Assinale a alternativa correta quanto à flexão do substantivo ou do adjetivo.
a) Compramos camisas azuis-claras.
b) Os procedimentos-padrão foram seguidos.
c) Temos de nos concentrar nas idéias-chaves.
d) Pedimos, para o envio da documentação, envelopes cinzas.
e) Encheu a sala de bens-me-queres.

9. As alternativas a seguir apresentam princípios aplicáveis às comunicações oficiais, *à exceção de uma*. Assinale-a.
a) impessoalidade
b) clareza
c) uniformidade
d) concisão
e) uso do jargão burocrático

10. Assinale a alternativa em que a regência verbal **não** siga o padrão culto de linguagem.
a) A inscrição no concurso implica a aceitação das normas do edital.
b) Todos os servidores devem obedecer às leis que os regem.
c) Preferiu a poltrona à cadeira.
d) Eu avisei-lhes da necessidade de se revisar o documento.
e) Eles anuíram à decisão.

Grupo G

Texto I

Receitas da China

Com um quinto da população do planeta, a China parece que chegou ao grupo das grandes potências econômicas para ficar. Em pouco mais de um mês, passou da sétima para a quarta posição no *ranking* dos maiores PIBs, deixando para trás Itália, França e Reino Unido.

Continua

A primeira ultrapassagem ocorreu por razões estatísticas, quando Pequim, endossada pelo Banco Mundial, anunciou que sua economia era 17% maior do que antes estava estabelecido. O restante da escalada é fruto do espetacular crescimento de 9,6% ao ano, em média, desde 1979.

Aquele ano foi o primeiro em que o Partido Comunista começou a realizar experimentos de abertura do país ao capital externo e à iniciativa privada. Dez anos antes da queda do Muro de Berlim, os dirigentes chineses passaram a receber de braços abertos as empresas estrangeiras.

A reforma chinesa se distingue da adotada na ex-União Soviética, que preferiu o atalho da rápida e maciça privatização. O Estado chinês manteve o controle de milhares de empresas e abriu espaço para a iniciativa privada, que cresceu de maneira ininterrupta desde 1979.

Os investimentos — majoritariamente internos, advindos do acúmulo de lucros das empresas — e as exportações impulsionaram o crescimento. Além de oferecer incentivos fiscais e mão-de-obra barata, a China controla o câmbio para que suas exportações sejam muito competitivas.

Em 2004, o país se tornou a terceira maior força no comércio internacional, atrás dos EUA e da Alemanha. No ano seguinte, a soma de suas exportações e importações atingiu US$ 1,4 trilhão, o equivalente a 62% do PIB, o que coloca a China entre as economias mais abertas do mundo.

O volume de investimentos produtivos é de quase 50% do PIB e foi de US$ 1,1 trilhão em 2005 — US$ 60,3 bilhões (5,5%) vieram do exterior.

Mas o caminho não é isento de riscos econômicos e políticos. O governo reconhece que o modelo baseado em exportações e altíssimas doses de investimento vai se exaurindo e tenta estimular o consumo interno. Para o restante do mundo, interessa que a China consiga contornar as turbulências. Uma hipotética crise abrupta em sua economia tenderia a gerar um efeito global devastador.

Editorial. *Folha de S. Paulo*, 27 jan. 2006

1. O texto I pode ser classificado como:
a) descritivo.
b) dissertativo.
c) epistolar.

d) literário.

e) narrativo.

2. É correto afirmar que o título do texto I:

a) é obscuro.

b) é pobre.

c) é inteligentemente ambíguo.

d) é unívoco.

e) não admite interpretações.

3. No último parágrafo, a conjunção *mas* relaciona-se:

a) exclusivamente ao parágrafo anterior.

b) aos dois últimos parágrafos.

c) somente ao último parágrafo.

d) ao antepenúltimo parágrafo.

e) a todos os parágrafos anteriores.

4. A respeito das idéias contidas no texto I, é correto afirmar que:

a) a China forjou um quadro de superdesenvolvimento econômico.

b) a ex-União Soviética devia ter seguido o modelo chinês.

c) com o crescimento rápido, a China está livre de percalços em sua trajetória.

d) preocupada com possíveis percalços, a China busca antecipar-se aos futuros problemas.

e) a queda do Muro de Berlim fez a China despertar para o Ocidente.

5. No texto I, a palavra *abrupta* **não** poderia ser substituída por:

a) conjecturada.

b) inesperada.

c) imprevista.

d) inopinada.

e) repentina.

6. A palavra *distingue* não se grafa com trema, apesar de a maioria da população erroneamente pronunciar o "u". Assinale a alternativa em que ocorra, com a palavra, fenômeno semelhante.

a) tranquilo
b) extinguir
c) quinquênio
d) arguir
e) frequente

7. "Os investimentos — majoritariamente internos, advindos do acúmulo de lucros das empresas — e as exportações impulsionaram o crescimento. Além de oferecer incentivos fiscais e mão-de-obra barata, a China controla o câmbio para que suas exportações sejam muito competitivas."
Assinale a alternativa que apresente pontuação igualmente correta para o trecho acima.

a) Os investimentos, majoritariamente internos, advindos do acúmulo de lucros das empresas, e as exportações, impulsionaram o crescimento. Além de oferecer incentivos fiscais e mão-de-obra barata, a China controla o câmbio para que suas exportações sejam muito competitivas.

b) Os investimentos — majoritariamente internos, advindos do acúmulo de lucros das empresas — e as exportações impulsionaram o crescimento. Além de oferecer incentivos fiscais, e mão-de-obra barata, a China, controla o câmbio para que suas exportações sejam muito competitivas.

c) Os investimentos, majoritariamente internos — advindos do acúmulo de lucros das empresas —, e as exportações impulsionaram o crescimento. Além de oferecer incentivos fiscais e mão-de-obra barata, a China controla o câmbio, para que suas exportações sejam muito competitivas.

d) Os investimentos — majoritariamente internos, advindos do acúmulo de lucros das empresas — e as exportações, impulsionaram o crescimento. Além de oferecer incentivos fiscais e mão-de-obra barata, a China controla o câmbio, para que suas exportações sejam muito competitivas.

e) Os investimentos majoritariamente internos, advindos do acúmulo de lucros das empresas — e as exportações — impulsionaram o crescimento. Além de oferecer incentivos fiscais e mão-de-obra barata a China, controla o câmbio para que suas exportações sejam muito competitivas.

8. Em *mão-de-obra*, empregou-se corretamente o hífen. Assinale a alternativa em que isso **não** tenha ocorrido.

a) anti-histórico
b) arqui-rival
c) pé-de-moleque
d) sub-humano
e) ultra-sonografia

9. O texto I oferece bons exemplos de concordância verbal e nominal com numerais e percentuais.
Assinale a alternativa em que a concordância verbal ou nominal esteja de acordo com a norma culta.

a) Somente 0,13% concordaram com a decisão.
b) A temperatura chegou a zero graus.
c) Menos de 1,2% aceitaram a resposta.
d) Cerca de 20% dos entrevistados respondeu à pesquisa.
e) Os milhares de pessoas presentes se manifestaram.

10. "A primeira ultrapassagem ocorreu *por* razões estatísticas..."
Assinale a alternativa em que a preposição *por* **não** tenha o mesmo valor que no trecho acima.

a) Venha por aqui, menino!
b) Ele foi fechado por um ônibus.
c) Ela chegou por trás e nos assustou.
d) Ele nos tomou por irresponsáveis.
e) Agimos por amor.

11. Assinale a alternativa em que o prefixo "in" **não** tenha o mesmo valor que em *ininterrupta*.

a) iníquo
b) invalidar
c) inimigo
d) invalidez
e) indigitar

Grupo H

Texto I

O céu na gaveta

Perdemos Plutão? A União Astronômica Internacional (UAI) expulsou-o da família de planetas, mas ele continua lá fora, gélido e silencioso como antes. Ciência é investigação, segundo um método, criatividade e arte.

Quando expurgou Plutão, a UAI não fez ciência: produziu uma definição, entre outras possíveis, com a finalidade de classificar e nomear. Nomear é um ato de poder. É um gesto de apropriação intelectual, com repercussões simbólicas. A UAI não descobriu nenhuma característica nova dos planetas nem ofereceu alguma teoria inovadora acerca do Sistema Solar. Ela optou por uma ordem simbólica, excluindo outras.

Inicialmente, a hipótese aventada foi permitir a multiplicação de planetas. A conseqüência disso seria destruir a figuração popular de um sistema compacto, que aprendemos a reconhecer na infância e que nos conecta à vastidão do cosmo. Ao rejeitar essa destruição, a UAI estava dizendo que o céu deve caber na gaveta.

A solução encontrada é mais do que isso. O "novo" Sistema Solar apresenta-se como figuração de uma ordem perfeita. São quatro planetas interiores, pequenos e rochosos, separados de quatro planetas exteriores, grandes e gasosos, pela vasta faixa de fronteira de um cinturão de asteróides. A UAI pretendeu sublinhar a gênese comum do Sistema. Mas, na sua lancinante simetria, o modelo adotado tem propriedades estéticas que sugerem um arranjo divino.

Não encontrou acolhida a hipótese de conservar tudo como estava, pelo recurso de batizar de "planetas clássicos" os nove planetas tradicionais e fechar as portas da família aos intrusos. Essa solução não pareceu "científica" o suficiente, pois desafiava a lógica cartesiana: como justificar a condição planetária de Plutão, negando-a a astros "similares" recentemente descobertos?

Continua

A figuração do Sistema Solar tem, essencialmente, funções de divulgação e educação. A força sugestiva dos nomes mitológicos dos planetas alia-se a imagens poderosas, como os anéis saturnianos, para capturar a imaginação das crianças e conduzi-las ao labirinto de curiosidades no qual podem deparar com o discurso das ciências. O Sistema Solar deposto cumpria melhor essas funções.

Não perdemos Plutão. Perdemos um sistema que, além de compacto, apresentava-se como ordem imperfeita e sugeria um ponto de fuga para a complexidade. Esse ponto era Plutão. O nono planeta, longínquo e minúsculo, com seu núcleo parecido com o de um cometa e sua órbita divergente, indagava a simetria do conjunto e desarmava os espíritos. Ele nos alertava para as limitações do modelo, como quem aponta uma frase inconclusa. Foi isso que perdemos.

Demétrio Magnoli
Folha de S. Paulo, 31 ago. 2006

1. Segundo o texto I, a *perda* de Plutão representa:
a) a solução científica para evitar que as crianças, em seu processo educativo, entendessem o Sistema Solar de modo cartesiano.
b) uma indagação filosófica, muito além de uma reconfiguração do Sistema Solar, em que se fugiu de uma ordem estática e aceitável pela harmonia do modelo em busca da simetria do conjunto.
c) a intenção de se readaptar o modelo antigo com a inserção de novos planetas à semelhança de Plutão, com o intuito de garantir uma idéia de perfeição em sua figuração.
d) uma redefinição de Sistema Solar, optando-se pela perda da imperfeição do antigo modelo e buscando-se uma simetria de constituição "divina".
e) a exclusão de um astro que erroneamente fora classificado de "planeta", pondo-se uma ordem no Sistema Solar, cujo modelo não satisfazia o imaginário da população.

EXERCÍCIOS COMPLEMENTARES 171

2. O texto I deve ser classificado como:
a) descritivo.
b) narrativo.
c) dissertativo.
d) epistolar.
e) panfletário.

3. A relação semântica do quarto parágrafo com o terceiro é de:
a) oposição.
b) conseqüência.
c) concessão.
d) exemplificação.
e) adição.

4. "Quando expurgou Plutão, a UAI não fez ciência: produziu uma definição, entre outras possíveis, com a finalidade de classificar e nomear."
Os dois-pontos, no trecho acima, introduzem uma:
a) explicação.
b) enumeração.
c) síntese.
d) exemplificação.
e) análise.

5. No texto I, por *lancinante* entende-se:
a) bela.
b) aflitiva.
c) complexa.
d) insegura.
e) pontiaguda.

6. "Mas, na sua lancinante simetria, o modelo adotado tem propriedades estéticas *que sugerem um arranjo divino*."
Assinale a alternativa em que, alterando-se a oração grifada no trecho acima, **não** foi mantida adequação à norma culta da língua.

a) a que nos referimos como um arranjo divino.
b) a que aludimos como um arranjo divino.
c) que nos lembramos como um arranjo divino.
d) que lembram um arranjo divino.
e) de que falamos como um arranjo divino.

7. "Não encontrou acolhida a hipótese de conservar tudo como estava, pelo recurso de batizar de 'planetas clássicos' os nove planetas tradicionais e fechar as portas da família aos intrusos."
No trecho acima, a palavra *acolhida* foi flexionada corretamente, para concordar com o termo a que se refere (*hipótese*).
Assinale a alternativa em que a concordância **não** se fez segundo a norma culta.
a) A moça disse: "Obrigada."
b) Ele pediu emprestado 10 reais.
c) Eles são tais qual o pai.
d) Eram motivos o mais interessantes possível.
e) Ela ficou meio atormentada com a notícia.

8. Assinale a alternativa em que o prefixo **não** tenha o mesmo valor semântico que a palavra *imperfeita*.
a) importar
b) indeciso
c) anormal
d) átomo
e) insatisfação

9. "Perdemos um sistema que, além de compacto, apresentava-se como ordem imperfeita e sugeria um ponto de fuga para a complexidade."
Assinale a alternativa em que, alterando-se a ordem dos termos no trecho acima, **não** se infringiu a norma culta.
a) Perdemos um sistema que se apresentava, além de compacto, como ordem imperfeita e sugeria um ponto de fuga para a complexidade.
b) Perdemos um sistema que apresentava-se, além de compacto, como ordem imperfeita e sugeria um ponto de fuga para a complexidade.

c) Perdemos um sistema que apresentava-se como ordem imperfeita e, além de compacto, sugeria um ponto de fuga para a complexidade.
d) Perdemos um sistema, além de compacto, que apresentava-se como ordem imperfeita e sugeria um ponto de fuga para a complexidade.
e) Perdemos, além de compacto, um sistema que apresentava-se como ordem imperfeita e sugeria um ponto de fuga para a complexidade.

Grupo I

Texto I

Ética dos advogados e ensino jurídico

Diante da crescente evidência de envolvimento de advogados com traficantes, é razoável e até necessário que a OAB reveja seus mecanismos de controle do exercício da profissão. Que acione com mais vigor sua Comissão de Ética, como quer seu presidente, Roberto Busato. Mas serão essas comissões suficientes? Ou estão elas também aprisionadas pela armadilha tradicional — a dificuldade estrutural de qualquer corporação em controlar a si mesma? Dificuldade não exclusiva dos advogados, mas de qualquer corporação: médicos, juízes e políticos, por exemplo.

Aliás, foi justamente a evidência de que as corregedorias judiciais eram insuficientes para controlar o comportamento ético-disciplinar dos magistrados que levou o ministro Cézar Peluso, ao defender a constitucionalidade do Conselho Nacional de Justiça, a ressaltar: "(...) os atuais instrumentos orgânicos de controle ético-disciplinar dos juízes, porque praticamente circunscritos às corregedorias, não são de todo eficientes, sobretudo nos graus superiores de jurisdição (...)". A tarefa é difícil. Exige mais do que controles internos corporativos.

Nessa perspectiva, surgiu proposta de tornar obrigatória a disciplina Ética Profissional nas faculdades de Direito. A proposta, aparentemente adequada, deve ser vista com cuidado. Mais importante do que ensinar ética é

Continua

praticar um comportamento ético. Isso quer dizer que uma escola de Direito só tem legitimidade para ensinar ética se tiver antes implantado a prática cotidiana da ética entre professores, alunos e funcionários. Tiver antes implantado a educação como prática da ética, parafraseando o grande educador Paulo Freyre, quando pregava a educação como prática da liberdade.

Infelizmente, em grande número de faculdades de Direito existem práticas antiéticas de muitos alunos e até de alguns professores. Práticas que, nesta crise de perda de indignação do brasileiro, de tão corriqueiras, parecem até normais. Dou exemplo de duas: a cola na prova e o plágio no trabalho de curso.

Qual a política efetiva que as escolas têm para controlar a cola? Que punições ou reeducação as escolas têm para o aluno que é pego colando? No nível institucional, provavelmente nenhuma. Tudo fica ao arbítrio do professor cansado, sem formação didática renovada, mal pago, a dar aula a um número excessivo de alunos empacotados numa sala, em situação que a boa didática jamais recomendaria. A ele cabe decidir se o aluno vai perder a questão, perder a prova, ou apenas *laisser passer*.

Isso é suficiente? Difícil dizer. As estratégias para violação se sofisticaram. A cola tradicional, olhar e copiar a prova do aluno ao lado, insinuante, quase provocativa, que se autoconvida, dá lugar a "métodos" mais sofisticados, celulares e outros meios eletrônicos. Tudo facilitado pelo fato de que a prova pede mais a memorização da doutrina alheia do que o raciocínio original do aluno.

O plágio em trabalhos escritos está em ascensão. Culpa do Google, da familiaridade das novas gerações de alunos com a tecnologia de busca na internet, e da facilidade de se atribuir a autoria de um texto. Essa situação é agravada pelo fato de que os trabalhos de disciplinas e de conclusão de curso são, sobretudo, pesquisas bibliográficas, estruturadas pelo que o professor Luciano de Oliveira chama de ideologia da "manualização". Assim como a maioria dos manuais de Direito são apenas uma colagem de autores, textos, doutrinas e jurisprudência sem necessariamente maior arte, assim também são os trabalhos de classe e de conclusão de curso. A pesquisa dos alunos começa e termina nos manuais de sempre.

Continua

Incluir, pois, um curso de ética profissional no currículo pode nos levar a um paradoxo. O currículo ensinando ética, e o aluno praticando a antiética, ao usar a tecnologia para plagiar autores e colar nas provas e trabalhos do curso. Em outras palavras: não vamos resolver o grave problema do comportamento antiético de alguns advogados tornando obrigatório o ensino de uma nova disciplina — Ética Profissional — num ambiente marcado pela cola e plágio. Temos o mesmo problema nas disciplinas de ética profissional nos cursos de formação dos juízes. Não raramente, essas disciplinas se transformam em discussões filosóficas ou dogmáticas europeizadas. Raramente se estruturam a partir da análise crítica dos problemas éticos disciplinares que existem em seus próprios tribunais.

Soluções existem. Há escolas privadas, no Brasil e no exterior, onde os alunos assinam, além do contrato de prestação de serviços educacionais com a faculdade, um código de ética que se obriga a respeitar. Algumas escolas já têm Conselhos de Ética, nos quais a cola e o plágio são discutidos e julgados por alunos, professores e funcionários: as sanções vão desde a advertência até a expulsão, passando pela perda da bolsa.

Razões pragmáticas favorecem uma postura mais rigorosa. O aluno que cola pode apresentar um currículo igual ou melhor do que aquele que se esforçou sozinho. Isso é concorrência desleal num mundo em que é cada vez mais difícil obter emprego. Em algumas escolas, os alunos estão se conscientizando e contribuindo para o controle ético de seus colegas. Sem falar que está em jogo o próprio nome e reputação da escola — o que também começa a ser percebido pelos alunos. De uma maneira ou de outra, o mercado empregador acaba descobrindo quais as escolas que facilitam a aprovação do aluno e quais as que exigem um comportamento mais ético profissionalmente.

Joaquim Falcão
Correio Braziliense, 20 jul. 2006

1. A respeito da leitura do texto I, **não** é correto inferir que:
a) as instituições de ensino em geral devem mudar sua prática de permissividade à cola a fim de garantir uma real educação ética dos alunos.

b) a instituição de conselhos de ética nas instituições de ensino amplia a discussão em relação à cola para além da decisão exclusiva do professor.

c) a fim de garantir maior reconhecimento no mercado de trabalho, cabe aos alunos também zelar pela reputação das instituições em que estudam.

d) de nada adianta a introdução de uma nova disciplina para se ensinar ética se, na prática, esta não for instituída.

e) no rol das indignações do brasileiro, a cola e o plágio acabam vistos como falhas éticas aceitáveis.

2. O texto I deve ser classificado como:

a) narrativo.

b) descritivo.

c) dissertativo expositivo.

d) dissertativo argumentativo.

e) epistolar.

3. "Que acione com mais vigor sua Comissão de Ética, *como* quer seu presidente, Roberto Busato."

A palavra grifada no trecho acima introduz idéia de:

a) causa.

b) comparação.

c) concessão.

d) conformidade.

e) conseqüência.

4. Os vocábulos *método* e *manualização* foram postos, no texto I, entre aspas. Assinale a alternativa com comentário pertinente a esse respeito.

a) Em *método*, as aspas indicam alteração de sentido; em *manualização*, uma palavra importada.

b) Em *método*, as aspas indicam ironia; em *manualização*, uma citação.

c) Em *método*, as aspas indicam alteração de sentido e ironia; em *manualização*, um neologismo.

d) Em *método*, as aspas indicam ênfase; em *manualização*, uma ironia.

e) Em *método*, as aspas indicam orientação para pausa maior na leitura; em *manualização*, alteração de sentido.

5. Em *antiéticas*, grafou-se corretamente o vocábulo formado com o prefixo "anti-".

   Assinale a alternativa em que isso **não** tenha ocorrido.

a) antiinflamatório

b) anti-marxista

c) anti-higiênico

d) antiaéreo

e) anti-rábica

6. *Isso* e *(n)esta* são pronomes demonstrativos que exercem no texto, respectivamente, funções:

a) anafórica e dêitica.

b) anafórica e catafórica.

c) catafórica e anafórica.

d) dêitica e anafórica.

e) dêitica e catafórica.

Gabaritos

Capítulo 1

Exercício 1

a) emissor: presidente; receptor: cidadãos; mensagem: parabenização pelo Dia do Trabalho; código: língua portuguesa falada; canal: rádio e TV; contexto: Dia do Trabalho.
b) emissor: editor do jornal, o próprio jornal como instituição; receptor: leitores; mensagem: comentário sobre a fala do presidente; código: língua portuguesa escrita; canal: jornal; contexto: Dia do Trabalho e pronunciamento do presidente.
c) emissor: estudante; receptor: um colega; mensagem: convite para ir ao jogo de futebol; código: língua portuguesa falada; canal: telefone; contexto: partida de futebol.
d) emissor: professor; receptor: alunos; mensagem: conteúdo da aula; código: língua portuguesa falada e escrita; canal: ar e o espaço visual livre que possibilita ver as informações no quadro-negro; contexto: disciplina comunicação empresarial.
e) emissor: uma jovem; receptor: seu namorado; mensagem: dizeres de amor; código: língua portuguesa escrita e *emoticons*; canal: e-mail; contexto: relação dos dois.

Exercício 2

a) contexto; b) código e receptor; c) canal; d) código e emissor; e) receptor.

Exercício 3

a) metalingüística e referencial; b) emotiva e fática; c) fática, apelativa e referencial; d) referencial e metalingüística; e) referencial, apelativa e emotiva; f) poética; g) referencial e fática; h) metalingüística, fática; i) referencial e apelativa; j) emotiva.

Exercícios 4 e 5
Respostas livres.

Exercício 6 (sugestões)
a) anunciou; b) procedimentos; c) possui; d) constitui; e) comovente; f) aparelho; g) realiza, fecha; h) carregava; i) portava; j) sinto.

Exercícios 7 e 8
Respostas livres.

Capítulo 2

Exercícios 1, 2, 3, 4 e 5
Respostas livres.

Exercício 6
a) leitores que visitem o site; não há um público específico, mas constrói-se um leitor-modelo capaz de compreender a mensagem.
b) Resposta livre.

Exercícios 7 e 8
Respostas livres.

Capítulo 3

Exercício 1
a) assessoramento; b) disenteria; c) rebuliço; d) auto-estima; e) audiovisual.

Exercícios 2, 3, 4, 5, 6, 7, 8 e 9
Respostas livres.

Capítulo 4

Exercícios 1, 2, 3, 4, 5, 6 e 7
Respostas livres.

Capítulo 5

Exercícios 1, 2, 3, 4, 5 e 6
Respostas livres.

Capítulo 6

Exercício 1 (sugestões)
a) A máquina da seção, a qual, esta, se encontra paralisada, foi comprada recentemente.
b) Os relatórios dos funcionários, os quais, estes, precisavam ser cadastrados, continham informações importantes a respeito da negociação.
c) As secretárias das repartições, as quais, aquelas, foram informadas, enviaram os documentos necessários.
d) Os amigos de Mariana, à qual entregamos o livro, chegarão amanhã.

Exercício 2 (sugestão)
O tio de Pedro pediu a Paulo que encomendasse os remédios do primeiro.
O tio de Pedro pediu a Paulo que encomendasse os remédios dele, Paulo.

Exercício 3 (sugestões)
a) O pai disse ao filho que não se esquecesse dos documentos deste.
b) Sérgio disse a Marcos, antes que apresentasse os papéis daquele, que a vaga deste estava garantida.

Exercícios 4, 5, 6 e 7
Respostas livres.

Exercício 8 (sugestão)

a) Desejamos a todos os funcionários boas férias e uma boa estada no hotel da empresa.

b) Conseguiríamos alcançar nossas metas por meio de duas estratégias: minimizando os custos e otimizando a produtividade.

Exercícios 9 e 10
Respostas livres.

Capítulo 7

Exercício 1

a) Este texto que agora escrevo serve a este propósito: elucidar as dúvidas que aquelas normas afixadas lá fora geraram.
b) Chegaram do aeroporto os malotes e as caixas. Aqueles serão levados para a mesa da secretaria; estas, para o depósito.
c) Esse seu lápis é macio? Depois você pode me emprestar?
d) A pedido do chefe deste escritório onde trabalho, encaminho a essa empresa as listagens solicitadas.

Exercício 2
Resposta livre.

Exercício 3
Observar os pronomes e classificá-los como anafóricos, catafóricos ou dêiticos.

Exercícios 4, 5 e 6
Respostas livres.

Exercício 7
Neste momento, estou com este papel pronto para começar a lhe dedicar algumas linhas. Isso me deixa meio encabulado, pois sei que essa sua

postura de rejeitar tudo o que escrevo é pura bobagem e afetação. Aquela opinião vem de seu ar superior; esta, de sua insensibilidade. Por isso, acabo por aqui estas minhas palavras.

Exercício 8

a) Em primeiro lugar, essa instituição viceja assaz nos países latinos e é quase desconhecida nos anglo-saxões, porque naqueles perduraram por mais tempo hábitos feudais, quer nas relações jurídicas, quer nas econômicas. O feudalismo é um sistema de profunda desigualdade jurídica, em que a lei a rigor só é aplicável ao servo e aos vassalos, porém extremamente flexível para o barão e o suserano. Estes se governam por relações voluntarísticas; aqueles, por fórmulas impositivas.

b) Não há grande necessidade de se dar um *jeito,* pois que a lei raramente é inexeqüível; nos casos em que é violada, é possível configurar-se, então, a existência de dolo ou crime praticado por pequena minoria social.

c) Resta saber se não há uma terceira explicação em termos de atitudes religiosas. No catolicismo, rígido é o dogma, e a regra moral, intolerante. No protestantismo, complacente é a doutrina, e a moral, utilitária. Há menos beleza e também menos angústia.

d) É bem verdade que, numa visão mais comprida da história e do tempo, o catolicismo tem revelado surpreendente plasticidade para se adaptar à evolução dos povos e instituições. A curto prazo, entretanto, pode gerar intolerável tensão institucional, que, não fora a válvula de escape do *jeito,* arriscaria perturbar o funcionamento da sociedade.

Exercício 9

CAPÍTULO ÚNICO —
DOS ÓRGÃOS COLEGIADOS
Seção I —
Do Conselho Nacional de Previdência Social

Art. 295. O Conselho Nacional de Previdência Social, órgão superior de deliberação colegiada, terá como membros:

I — seis representantes do Governo Federal; e

II — nove representantes da sociedade civil, sendo:
a) três representantes dos aposentados e pensionistas;
b) três representantes dos trabalhadores em atividade; e
c) três representantes dos empregadores.

Exercício 10

Para atendimento a essa missão, a Ebape entende ter como suas competências essenciais:
— a busca contínua pela excelência acadêmica, o engajamento permanente com o aprendizado e pesquisa de alto nível, e a criação e disseminação de novos conhecimentos em sua área de atuação;
— o encorajamento, dentro de um espírito de unidade, fidalguia e ética profissional, da diversidade de idéias e posições em seu quadro acadêmico e corpo discente;
— a ênfase na interação com organizações públicas privadas e sem fins lucrativos, de modo a estar atenta aos anseios do país e à prática administrativa vigente;
— a propagação de espírito empreendedor a todos os seus professores, funcionários e alunos;
— a parceria profícua com instituições acadêmicas reconhecidas como de alto nível de excelência, estabelecidas tanto no país como no exterior;
— o desenvolvimento continuado de uma visão sistêmica das Ciências da Administração, evitando o culto à fragmentação e instigando cada vez mais a interdisciplinaridade em todas as suas atividades acadêmicas.

Exercício 11

As conseqüências sociológicas dessa díspar atitude — de um lado, a tradição interpretável; do outro, o preceito incontroverso — são profundas.

Exercício 12

1. a) Ou o Brasil decide tornar a educação uma prioridade real — e não apenas retórica —, ou a falta de educação continuará causando grandes danos ao Brasil.

2. e) Contudo, em todas as declarações, percebo a presença de duas palavras — ética e transparência —, esgarçadas nos seus significados e utilizadas como alegorias para atrair solidariedade.
3. b) Sabe-se, por exemplo, que o brasileiro adquire em média 2,5 livros por ano — aí incluídos os didáticos —, enquanto o francês compra mais de sete livros por ano.
4. a) Wilson está entre os cientistas de vulto que clamam insistentemente pela atenção da humanidade para o perigo real — e cada vez mais imediato — para a sobrevivência de nós mesmos: que podemos ser arrastados num paroxismo de autodestruição, levando conosco as formas mais complexas de vida.
5. e) Macacos, papagaios, abelhas e outros seres vivos possuem linguagens mais ou menos sofisticadas, e, entre eles e todos, em graus também diversos, a linguagem tem uma função fundamental no que diz respeito às suas formas de vida em sociedade.

Exercício 13
Resposta livre.

Exercício 14
1. c) não obstante; 2. e) porquanto.

Exercício 15
Resposta livre.

Capítulo 8

Exercício 1
Resposta livre.

Exercício 2
São vários exemplos, o objetivo é identificar alguns deles e perceber sua motivação.

Exercícios 3, 4 e 5
Respostas livres.

Capítulo 9

Exercícios 1, 2, 3, 4, 5, 6, 7 e 8
Respostas livres.

Capítulo 10

Exercício 1
e) a situação do país no âmbito da educação é problemática tanto pela falta de professores quanto pelo grau de qualificação do corpo discente, situação reprochável interna e externamente.

Exercício 2
b) o texto desenvolve a informação que aparece no título, apresentando mais detalhes.

Exercício 3
1. b) A espécie humana, com a interferência na geologia do planeta, é capaz de provocar sua extinção.
2. b) argumentativo opinativo.

Exercício 4
Respostas livres.

Exercício complementar
Resposta livre.

Capítulo 11

Exercício 1
1. c) No texto, é possível perceber que é apontada uma certa urgência no julgamento das questões apontadas, haja vista a aposentadoria de alguns dos integrantes do STF.

2. b) dissertativo.

3. d) parágrafos 1 e 2; parágrafos 3 e 4; parágrafos 5, 6 e 7; parágrafos 8 ao 14; e parágrafo 15.

4. e) Porquanto.

5. a) um esclarecimento.

6. a) Os rapazes chegaram tarde, acenderam as luzes, e acordaram os amigos.

7. d) O curso vai de segunda à sexta.

8. a) incorrupção

9. a) contemporâneos à época da composição do texto.

Exercícios 2, 3, 4, 5 e 6
Respostas livres.

Capítulo 12

Exercício 1
a) Por que você pensa em ir embora?
b) Queria saber por que você quis ir embora.
c) Antes de entender por quê, queria que não houvesse um porquê.
d) Porque ele chegou tarde você também acha que pode chegar?
e) Os caminhos por que passamos refletem nossa existência.
f) Ele disse por que, entre tantos, foi escolhido.
g) Por que você não disse que viria mais cedo?
h) Ele queria saber por que você não veio mais cedo.
i) Você não veio mais cedo, por quê?
j) O motivo por que você não veio mais cedo não ficou claro para nós.
k) Porque você estava atarefado não veio mais cedo?
l) Qual é o porquê desta vez?
m) Sem saber por quê, ele sempre age daquela maneira.
n) Queremos saber por que, justamente neste dia, você chegou mais tarde.
o) Quero saber por que, como, quando e onde aconteceu o acidente.
p) Ele não pôde explicar por quê porque nem sabia do ocorrido.

Exercício 2

Todos se perguntam por que divulgar suas idéias é perigoso. Porque sabemos algo que aparentemente poucos sabem devemos ficar calados? Por que temos tanta insegurança é o que queremos saber. Porque, estando de posse de idéias criativas, tememos que no-las roubem. E, assim, em busca do porquê, passamos a vida tendo boas idéias e não as compartilhando, e, de uma hora para outra, secamos nossa fonte, morrendo de cabeça oca porque fomos cabeças-ocas, e ainda sem entender por quê.

Exercício 3

auto-escola
auto-retrato
autobiografia
contra-ataque
contra-reforma
contrafilé
extra-oficial
extraordinário
extra-regulamentar
extraclasse
infra-estrutura
infra-hepático
infravermelho
intra-uterino
intramuscular
neo-realismo
neoliberal
proto-história
pseudo-artista
pseudocientista
semi-selvagem
semi-interno

ultravioleta
ante-sala
anteontem
anti-semita
anti-herói
antiinflacionário
arqui-rival
arquiinimigo
arquiduque
sobre-saia
sobre-humano
sobretaxa
hiper-raivoso
hipersensível
inter-regional
interestadual
super-homem
super-rápido
superatleta
sub-base
sub-ramo
subsecretário

semifinal
supra-renal
supracitado
ultra-som

suboficial
subumano
multisserviços
megaastro

Capítulo 13

Exercícios 1, 2, 3, 4 e 5
Respostas livres.

Capítulo 14

Grupo A
1. d) narrativo.
2. c) "Estava, nesse momento, descobrindo um novo ângulo para a sua vida, sem volta."
3. a) o autor estava em São Paulo quando o escreveu.
4. c) uma explicação.
5. e) possibilidade.

Grupo B
1. d) O texto aponta, no cenário político doméstico, o processo de desarticulação da esquerda, como resultado do fim do modelo socialista e da supremacia da direita ao ditar a interpretação da economia.
2. e) oposição.
3. d) informal.
4. e) uma ressalva.
5. d) perituro.
6. c) modo e meio.
7. c) Os irmãos compreendiam-se mutuamente, e, portanto, respeitavam-se.
8. e) extraoficial

Grupo C

1. b) crônica.
2. d) A partir de uma referência cultural no mundo ocidental, o texto cria ironicamente uma extensão da ficção original.
3. a) representa o que Rick quis expressar com seu sorriso.
4. c) A forma está correta, pois equivale a "por qual razão", caracterizando uma pergunta indireta.
5. a) Os olhos empapuçados são os mesmos, mas o cabelo se foi, e a barriga só parou de crescer porque não havia mais lugar atrás do balcão.
6. b) causa da terceira oração do período anterior.
7. d) por outro lado.
8. a) Prefiro questões de gramática do que de interpretação.
9. c) distingüir

Grupo D

1. d) a tônica do texto é a melancolia que se abate sobre a mulher com o alcance da maturidade, embora seja, para outros, motivos de felicidade.
2. b) narrativa.
3. e) uma ressalva.
4. e) renúncia.
5. d) obliquamente.
6. b) várias idéias / idéias várias
7. c) uma Anouke Aimé de certa forma espera um Yves Montand.
8. a) Dirigimo-nos a Fortaleza dos nossos antepassados.
9. d) fortuitamente
10. c) referencial e poética.
11. c) João Carlos ou Pedro se casariam com Marta.

Grupo E

1. d) embora seja a linguagem uma faculdade inerente aos humanos.
2. e) A mãe do aluno à qual encontramos ontem nos entregou os documentos.
3. a) Ele tinha agido por amor.
4. e) ultrassonografia.

5. e) Os alunos sempre querem saber porque, dentre tantos assuntos, justo aquele foi cair na prova.
6. c) a imagem 2 apresenta uma figura de mulher personalizada.

Grupo F
1. b) descritivo; descritivo; descritivo; narrativo; dissertativo.
2. e) Pensai num bairro de periferia, (...) mas imaginai uma vizinhança de gente simpática, (...) e vós localizais em Rio Branco (...)
3. a) Eles fizeram 30 anos de casados.
4. d) pré-existência
5. c) anafórico.
6. c) O texto estabelece um paralelo entre o tom melancólico dos boleros e a condição prosaica e cotidiana dos males do amor.
7. b) Votamos naquele presidente pois suas ações viriam ao encontro de nossas expectativas.
8. b) Os procedimentos-padrão foram seguidos.
9. e) uso do jargão burocrático
10. d) Eu avisei-lhes da necessidade de se revisar o documento.

Grupo G
1. b) dissertativo.
2. c) é inteligentemente ambíguo.
3. e) a todos os parágrafos anteriores.
4. d) preocupada com possíveis percalços, a China busca antecipar-se aos futuros problemas.
5. a) conjecturada.
6. b) extinguir.
7. c) Os investimentos, majoritariamente internos — advindos do acúmulo de lucros das empresas —, e as exportações impulsionaram o crescimento. Além de oferecer incentivos fiscais e mão-de-obra barata, a China controla o câmbio, para que suas exportações sejam muito competitivas.
8. d) sub-humano.

9. e) Os milhares de pessoas presentes se manifestaram.
10. e) Agimos por amor.
11. e) indigitar.

Grupo H
1. d) uma redefinição de Sistema Solar, optando-se pela perda da imperfeição do antigo modelo e buscando-se uma simetria de constituição "divina".
2. c) dissertativo.
3. e) adição.
4. a) explicação.
5. b) aflitiva.
6. c) que nos lembramos como um arranjo divino.
7. b) Ele pediu emprestado 10 reais.

Grupo I
1. e) no rol das indignações do brasileiro, a cola e o plágio acabam vistos como falhas éticas aceitáveis.
2. d) dissertativo argumentativo.
3. d) conformidade.
4. c) Em *método*, as aspas indicam alteração de sentido e ironia; em *manualização*, um neologismo.
5. b) anti-marxista
6. a) anafórica e dêitica.

Referências bibliográficas

COSERIU, Eugenio. *O homem e sua linguagem*. Rio de Janeiro: Presença, 1987.
CUNHA, Celso & CINTRA, Lindley. *Nova gramática do português contemporâneo*. Rio de Janeiro: Nova Fronteira, 1985.
DUBOIS, Jacques et alii. *Retórica geral*. São Paulo: Cultrix/Edusp, 1974.
DUCROT, Oswald. *Princípios de semântica lingüística: dizer e não dizer*. São Paulo: Cultrix, 1988.
_____ & TODOROV, T. *Dicionário enciclopédico das ciências da linguagem*. São Paulo: Perspectiva, 1977.
FOUCAULT, Michel. *A ordem do discurso*. São Paulo: Loyola, 2004.
GARCIA, Othon Moacir. *Comunicação em prosa moderna*. Rio de Janeiro: FGV, 1978.
HOUAISS, Antônio. *Dicionário Houaiss da língua portuguesa*. Rio de Janeiro: Objetiva, 2001.
LYONS, J. (org.) *Novos horizontes em lingüística*. São Paulo: Cultrix, 1976.
MATTOSO CÂMARA Jr., Joaquim. *Dicionário de lingüística e gramática*. Petrópolis: Vozes, 1977.
_____. *Manual de expressão oral e escrita*. Petrópolis: Vozes, 1977.
PÊCHEU, Michel. *Semântica e discurso*. Campinas: Editora da Unicamp, 1995.
PERELMAN, Chaïm. *Tratado da argumentação*. São Paulo: Martins Fontes, 1996.
POTTIER, Bernard. *Lingüística geral*. Rio de Janeiro: Presença, 1978.
ROSSI-LANDI, Ferruccio. *A linguagem como trabalho e como mercado: uma teoria da produção e alienação lingüísticas*. São Paulo: Difel, 1985.
SAUSSURE, Ferdinand de. *Curso de lingüística geral*. São Paulo: Cultrix/Edusp, 1969.
VANOYE, F. *Usos da linguagem*. São Paulo: Martins Fontes, 1979.
VÉRON, Eliseo. *A produção de sentido*. São Paulo: Cultrix/Edusp, 1980.
VOGT, Carlos. *Linguagem, pragmática e ideologia*. São Paulo:Hucitec/Funcamp, 1980.

Impressão e acabamento:

Grupo SmartPrinter
Soluções em impressão